CAMINHAR SOBRE A ÁGUA

PEDRO ROSA FERRO

CAMINHAR SOBRE A ÁGUA

FÉ, RAZÃO E POLÍTICA

ALMEDINA

CAMINHAR SOBRE A ÁGUA
FÉ, RAZÃO E POLÍTICA

AUTOR
Pedro Rosa Ferro

PREFÁCIO
© Miguel Morgado, 2023

EDITOR
EDIÇÕES ALMEDINA, S.A.
Avenida Emídio Navarro, 81, 3D
3000-151 Coimbra
Tel.: 239 851 904 · Fax: 239 851 901
www.almedina.net · editora@almedina.net

REVISÃO
Filipa Araújo

CAPA
Joana Carvalho

PRÉ-IMPRESSÃO
Aresta Criativa – Artes Gráficas

IMPRESSÃO E ACABAMENTO
??????

março 2023

ISBN
978-989-40-1097-5

DEPÓSITO LEGAL
????

ALMEDINA | GRUPOALMEDINA

ÍNDICE

PREFÁCIO

Para que serve a teoria política? Se soubermos qual é o seu propósito, saberemos responder ao que é a teoria política. Mas numa era em que a instituição académica, esse justo orgulho da civilização ocidental, se tornou cada vez mais hostil aos «essencialismos», fomentando uma constante fragmentação e perspectivação dos desígnios intelectuais, a teoria política tal como era entendida originariamente foi perdendo a confiança que tinha em si mesma. Deixou de saber o que era e para que servia. Na melhor das hipóteses, a teoria política é hoje capaz de recapitular, e com minúcia, o que já foi historicamente.

Tal não quer dizer que não haja um número crescente de estudantes e docentes universitários de teoria política por todo o mundo. Mas há uma escassez reconhecida de Mestres. Uma vez mais, é preciso reiterar o imenso conhecimento que se tem adquirido com o estudo de autores de ciência política, os quais, na sua área de especialidade, têm uma justa notoriedade internacional. Mestres, no sentido autêntico da palavra, é que há manifestamente muito poucos.

À semelhança dos outros estudos humanísticos, a teoria política deve admitir que vive uma época de crise. Mais, na medida em que a ciência política pôde no passado reivindicar o estatuto de ciência arquitectónica, a sua crise é a crise também das outras ciências ministeriais. Depois das investidas do positivismo, em particular com a sua construção de uma realidade dividida em factos — estes os únicos cientificamente reais — e valores — condenados a uma subjectividade insuperável e cientificamente irreal —, a teoria política desorientou-se ainda mais com o triunfo intelectual do historicismo. Na sua heterogeneidade, os historicismos tinham esta tese em comum — o pensamento era filho do seu tempo, porque o próprio ser humano era um ser histórico. A sua vida era essencialmente tempo. Assim, as grandes proposições que a teoria política apregoava de tempos a tempos não podiam alcandorar-se na montanha olímpica das verdades. Só podia alugar as colinas que subiam e se abatiam sucessivamente com a passagem do tempo, e por onde transitava tudo o que era verdade e depois deixava de o ser.

A teoria política estaria, assim, agrilhoada aos estudos históricos, tentando com um interesse puramente arqueológico recordar o que de tempos a tempos a teoria política dissera. Estava fora de questão procurar na teoria política do passado uma fonte de sabedoria para a vida temporal e intemporal, ou para a vida presente e futura. Como se todos estes golpes não fossem suficientes, os ideologismos chegaram para selar o seu caixão. Muito em moda nos nossos dias, mas, na verdade, uma inclinação intelectual e psicológica já com uma longa história, os ideologismos, combinando os contributos do positivismo com os do historicismo e dando um salto mais além, fazem das ideologias em disputa no espaço político, sobretudo as mais radicais, os juízes soberanos da teoria política. Juízes, legisladores e polícias. Como as ideologias radicais têm em comum a divisão do mundo numa dualidade conflituosa, recuperando inconscientemente as heresias maniqueístas dos primeiros séculos do cristianismo, toda a história da humanidade pode ser representada como uma luta entre duas partes. Independentemente das suas variações geográficas e culturais, são partes beligerantes numa guerra mortal, porque uma é a dos opressores e a outra é a dos oprimidos («vítimas»). O que está em jogo nessa guerra é nada mais nada menos do que o poder absoluto e total do vencedor sobre os vencidos — um poder para escravizar o outro, ou para eliminá-lo, historicamente falando.

Com diferentes roupagens, as ideologias radicais avançam esta interpretação da realidade, e, dependendo da caracterização daquilo que está em causa na luta histórica, dela depende o receituário para a sociedade actual — as mudanças ou as revoluções que a justiça unilateralmente impõe. Porquanto, se há uma guerra em curso entre inimigos tão densamente caracterizados do ponto de vista ético, não há qualquer dúvida sobre quais são os imperativos de justiça, nem sobre a exigência política que nos deve determinar. A perpétua discussão que cobria a actividade da teoria política é substituída por um monótono e intolerante recital de uma ortodoxia.

O ponto que aqui releva é o de que o predomínio da leitura ideológica da história destrói a possibilidade da teoria política nos seus próprios termos. De uma maneira ou de outra, a teoria política sempre pretendeu ser uma indagação, uma descoberta, uma discussão, um questionamento da realidade. Que realidade? Da totalidade da condição política do ser humano. Ora, os ideologismos proclamam que os pensamentos são um produto da tal guerra histórica que os opressores perpetram contra os oprimidos. E proclamam-no sem qualquer margem para dissensões. A teoria política não é excepção a esta regra. Pelo contrário. Como o que está em causa é o poder de governar e controlar o mundo subjugando os oprimidos, a teoria política aparece invariavelmente como a voz das partes em luta, sobretudo da parte mais poderosa. Por outras palavras, não passa de propaganda produzida para vencer uma guerra perpétua.

A justiça impõe que se denuncie a teoria política burguesa, racista, heteropatriacal, bem como o sistema político que desde sempre sustentou e protegeu. A teoria política que nos resta limita-se a ser a corda com que se puxam estátuas para derrubá-las do seu pedestal. Tal como o poder fáctico que oprime, também a teoria que o fundamentou deve ser derrubada. Assim, talvez se diga que cabe à teoria política uma derradeira tarefa: a do elenco consensual das regras da justiça revolucionárias, assim como a da eliminação da recorrente tentativa, por almas irredimíveis, de questionar o resultado da luta histórica. A teoria política serve, por outras palavras, para recapitular o devir histórico, para ditar o seu desfecho e repetir as exigências da justiça social. E, de passagem, disciplinar os cépticos que não aceitam sossegadamente as teses que devem vigorar. Numa palavra, a teoria política deixa de o ser. Passa a «activismo» político e a casuística moral. O seu propósito é ser a propaganda, já não dos opressores, mas dos oprimidos. Trocou de equipa, por assim dizer.

E, no entanto, os cépticos persistem. São cépticos de uma certa estirpe. É um cepticismo diferente porque crê na teoria política. Crê na teoria política que não seja propaganda e, pelo contrário, deve ser o mais poderoso antídoto contra a propaganda. Crê na teoria política que tem mais do que interesse arqueológico e é, com efeito, preciosa para a vida — individual e colectiva. Crê no propósito que, mais ou menos, é o seu desde a sua fundação por um ateniense chamado Sócrates no século V a.C.

Quando comparados com os seus congéneres, os ideologismos dos nossos dias são ideologismos de baixa densidade intelectual, carência que compensam com redobrado fervor moral, ou moralista. Esse fervor moral, a par do recurso a modernas técnicas de intervenção política e mediática, tem permitido uma influência absolutamente desproporcionada sobre o rumo colectivo das sociedades ocidentais. Em grande medida, o livro que o leitor tem nas mãos é um alerta para esse poder — um poder perigoso e danoso — que os ideologismos foram acumulando nos nossos tempos.

Este livro não é, em termos estritos, um livro de teoria política, nem pretende sê-lo. Mas é, sem qualquer dúvida, ricamente informado pelo debate secular da teoria política. Esse debate é aqui judiciosamente mobilizado para a sequência de ensaios parcelares que o autor apresenta sobre os vários temas em análise. Porém, os vários ensaios não estão desligados uns dos outros. Pedro Rosa Ferro viaja por algumas das questões políticas do nosso tempo com a consciência nítida dos danos que os mais recentes ideologismos estão a provocar nas sociedades ocidentais, a ponto de porem em risco alguns dos seus valores fundamentais e até há pouco tempo inquestionáveis, como a liberdade de pensamento e de expressão, a liberdade religiosa e o pluralismo social autêntico. A contaminação do debate público pelo dogmatismo agressivo desses ideologismos está bem patente nestas páginas. E Pedro Rosa Ferro não deixa de se colocar ao lado de determinadas opções políticas, sobretudo quando elas se associam à possibilidade de viver cristãmente, sem ter de descer à clandestinidade, na Europa do século XXI, nem de acordo com doutrinas e práticas diluentes do chamamento autêntico.

Em termos da teoria política, é possível traçar o contorno mais geral das opções políticas de Pedro Rosa Ferro segundo a seguinte formulação: a sociedade aberta, organizada segundo os princípios da liberdade individual e da limitação do poder político, afinal não encontra na proposta de neutralidade moral do Estado a rocha inamovível em que tantos julgaram poder alicerçá-la. Essa neutralidade moral, e a correlativa estrutura básica proporcionada por um conceito de justiça processual, não substantivo, esbarra em tantos impasses e outras tantas perplexidades sociais que conduziria a sociedade aberta a negar-se a si mesma. O exemplo clássico é o de que a defesa da liberdade humana soçobraria sem estar apoiada por uma concepção (substantiva) do bem humano, ou pelo menos na presunção *veluti si Deus daretur*, proposta por Joseph Ratzinger.

Tornou-se banal dizer que vivemos em tempos de mudança. Mais do que isso, vivemos tempos de inquietação. E neste livro podemos encontrar também no que está explícito e no que está implícito uma lista de inquietações. A propósito disso, Pedro Rosa Ferro refere oportunamente uma certa inquietação da inquietação. Isto é, uma inquietação transversal às sociedades tardo-modernas ocidentais suscitada pelo alargamento do espectro humano da inquietação — um seu alargamento artificial, digamos assim. Por trás disso, estão, de um lado, alterações estruturais das sociedades humanas ocidentais, e, do outro, as inevitáveis agendas ideológicas ou gananciosas de elites mais ou menos identificáveis pelo grande público que lhes obedece mais ou menos conscientemente. Não se trata, evidentemente, de descermos a fabulosas teorias da conspiração. Trata-se, sim, de tentar retirar a camuflagem das sedes do poder para conseguir reconhecer-lhe os contornos do rosto. O que foi sempre uma das tarefas da teoria política, ao seu modo particular, e da participação cívica livre. Tarefas a serem cumpridas com moderação e esperança, inevitavelmente.

Miguel Morgado

Aos meus Pais
À Teresa, ao Nuno

INTRODUÇÃO.
CAMINHAR SOBRE A ÁGUA

O presente das coisas passadas é a memória,
o presente das coisas presentes é o olhar,
o presente das coisas futuras é a esperança.

S. Agostinho (*Confissões*)

Difícil de ver. Sempre em movimento está o futuro.

Yoda (*Guerra das Estrelas:*
Episódio V — O Império Contra-Ataca)

Zygmunt Bauman notabilizou-se por ter cunhado, desenvolvido e popularizado a expressão — e a ideia — de «modernidade líquida», enfatizando a volatilidade e precariedade dos vínculos sociais no mundo de hoje. Teríamos passado de um tempo «sólido» — fixo, estável, «pesado», permanente, hierático — para um universo aquoso, informe, *light*, agitado e transiente. As normas sociais, as instituições, as famílias e as relações entre as pessoas ter-se-iam tornado fluidas, flexíveis e volúveis, bem como as suas ideias, valores, corpos, identidades, medos, amores e ódios.[1] As velhas verdades e fidelidades — vistas

[1] Cf. Zygmunt Bauman, *Liquid Modernity* (2000); *Liquid Love: on the Frailty of Human Bonds* (2003); *Liquid Life* (2005); *Liquid Fear* (2006); *Liquid Times: Living in an Age of Uncertainty* (2006); e *Liquid Evil* (com Leonidas Donskis, 2016). Ver Alexandra Tété. «O casamento líquido», *Público*, 5 de Maio de 2008. https://www.publico.pt/2008/05/05/jornal/o-casamento-liquido-259833

agora como monótonas e enfadonhas — teriam cedido aos (en)cantos da novidade e da moda, da gratificação instantânea e efémera, rendidas à espuma dos afectos, pensamentos (débeis) e imagens, à experiência de novos produtos e emoções. Embora nem tudo isto fosse inteiramente negativo, segundo Bauman, o resultado seria uma sociedade mais anómica e individualista, angustiada e frágil. Também na arena política assistimos a essa liquefacção e derretimento: dissolução da mediação política, dilúvio de informações contraditórias, naufrágio de expectativas, diluição dos valores políticos, económicos ou culturais, porosidade da demarcação entre a esfera pública e o espaço privado, contaminação dos riscos planetários... Como se dizia há uns anos, viveríamos agora num oceânico mundo VUCA (acrónimo *de volatility*, *uncertainty*, *complexity* e *ambiguity*). Seria esse o «novo normal»...

De facto, o problema não consistiria apenas em termos passado da terra firme ao elemento líquido. O problema é que teríamos penetrado no mar alto, um «mar nunca vindimado», como o da *Odisseia*: o mar salgado, símbolo do inédito e incógnito, do que é perigoso e encrespado, mutante e aventuroso (e que é também, para Homero, um «mar de cor de vinho»[2], sugestivo de uma certa intoxicação), armadilhado pelo canto de variadas e letais sereias. E — como se vem repetindo demasiadas vezes nos últimos anos — enfrentaríamos agora uma «tempestade perfeita»[3], em que tudo se conjuga para nossa desgraça. Segundo dizem, o verso de W. B. Yeats em que ele regista, sombriamente, que «tudo se desmorona» — «things fall apart»[4] — foi citado em 2016 com

---

[2] Segundo parece, Homero — apesar de ser capaz de descrever a «aurora de róseos dedos», por exemplo, entre outras magníficas coloridas pinturas... — não distinguia pelo nome a cor azul (como acontecia na Grécia arcaica e em outras civilizações antigas).

[3] A expressão «tempestade perfeita» ficou em 1.º lugar num concurso dos chavões mais (ab)usados, realizado pela Lake Superior State University, em Michigan, já em 2007. Cf. Andrew Stern, «Wordsmiths, avoid these words...», *Reuters*, 1 de Janeiro de 2008. Disponível em: https://www.reuters.com/article/newsOne/idUSN0160393320080101 (2022/07/16). A expressão «novo normal» seria também um candidato verosímil ao 1.º lugar em concursos semelhantes...

[4] «Things fall apart; the centre cannot hold;/ Mere anarchy is loosed upon the world,/ The blood dimmed tide is loosed, and everywhere/ The ceremony of innocence is drowned;/ The best lack all conviction, while the worst/ Are full of passionate intensity./ Surely some revelation is at hand;/ Surely the Second Coming is at hand». Cf. William Butler Yeats, *The Second Coming*, 1919.

mais frequência do que nunca.[5] E agora, depois do embate com uma pandemia, com o agravamento da nova guerra fria e, entretanto, com uma guerra quente no leste da Europa e complicações várias subsequentes, não estaremos por certo mais optimistas; há mesmo uma certa atmosfera de catastrofismo bem pensante no actual ambiente cultural.[6]

Claro que «a música da decadência» é recorrente ao longo da história, e corremos sempre o risco de cometer erros de perspectiva ou de paralaxe. O que lamentamos agora poderia ser aplicado — como foi — a outros momentos históricos. Por exemplo, Yeats escreveu aquele seu poema em 1919, justificadamente, na esteira dos horrores da Grande Guerra e no auge da «gripe espanhola». E Auden escreveu *The Age of Anxiety* — deplorando o vazio espiritual, a falta de sentido e a solidão dos seus personagens — em 1947, no sulco da II Guerra Mundial. Dois anos depois, inspirado por Yeats, Arthur Schlesinger Jr. olhava para o seu tempo «como uma era de problemas, uma época de ansiedade. Os fundamentos da nossa civilização, das nossas certezas, estão a desfazer-se sob os nossos pés; ideias e instituições familiares desvanecem-se à medida que as alcançamos, como sombras ao anoitecer.»[7] E, curiosamente, Marx e Engels, cem anos antes — face à «perturbação ininterrupta de todas as condições sociais», e à «incerteza e agitação permanentes» que distinguiriam a «época burguesa» de todas as anteriores — utilizavam uma linguagem semelhante (embora sem qualquer espécie de nostalgia...): «todas as relações fixas e congeladas, com a sua série de preconceitos e opiniões antigas e veneráveis, são varridas; todas as relações recentes ficam antiquadas antes que possam ossificar. Tudo o que é sólido se dissolve no ar, tudo o que é sagrado é profanado, e o homem é finalmente compelido a enfrentar sóbria e cruamente a sua real condição...»[8]

---

[5] Cf. Minouche Shafik, *What We Owe Each Other. A New Social Contract for a Better Society*, Princeton and Oxford: Princeton University Press, 2021, p. xi.

[6] Ver Gavin Jacobson, «Our age of anxiety. Why doom-mongering is back in fashion», *TLS-Times Literary Supplement*, p. 3.

[7] Cf. Arthur Schlesinger Jr., *The Vital Center: The Politics of Freedom*, 1949, citado por Gavin Jacobson, «Our age of anxiety...», *op. cit.*, p. 3.

[8] Cf. Karl Marx and Frederick Engels, *Manifesto of the Communist Party* [1848], Marxists Internet Archive, 2010, p. 16.

O teórico político chinês Jiang Shigong, da Universidade de Pequim, sentenciou pouco antes da irrupção da pandemia que o «império ocidental» (como ele designa a ordem demoliberal) enfrentava, crepuscularmente, «três grandes e insolúveis problemas: a sempre crescente desigualdade criada pela economia liberal; o fracasso do Estado, declínio político e ineficácia governativa causados pelo liberalismo político; e a decadência e niilismo criados pelo liberalismo cultural»[9]. Suspeito que os adeptos do *Great Reset* partilham da convicção de Jiang Shigong quanto à disfuncionalidade do liberalismo económico e também, talvez, do liberalismo político. Quanto a mim — conquanto não reconheça a Shigong, enquanto arauto do imperialismo chinês, autoridade moral e política para nos dar sermões —, receio que ele tenha alguma razão quanto à «decadência e niilismo» ocidentais (embora em sentido muito diferente do seu), que estão a erodir as instituições liberais e minar a confiança que nelas depositamos (mesmo tendo em consideração a vigorosa reacção inicial do Ocidente à invasão da Ucrânia).

De algum modo, este é o tema deste livro. Começarei com uma abordagem às **Mazelas e sequelas políticas do Coronavírus** (título do primeiro ensaio). A pandemia de 2020-22 foi como uma espécie de *tsunami*, pondo à prova a nossa civilização em termos que vão proporcionar o roteiro e o fio condutor desta reflexão. A Covid-19 trouxe à superfície fragilidades antes submersas, não tanto no que toca às imperfeições dos nossos arranjos institucionais; menos ainda no que respeita à nossa capacidade tecnológica e científica; mas sobretudo a algo mais submarino, geológico e infra-estruturante. Revelou uma sociedade medrosa, egocêntrica, disponível para render a sua liberdade e autogoverno ao primeiro susto, suplicante de maior vigilância e controlo, vulnerável às pretensões de redefinição autoritária de uma «nova ordem mundial» e à repressão sistémica de dissidências.

No mesmo passo, a Covid-19 adensou as nossas dúvidas sobre se não existirá mesmo um *deficit* de competência governativa, em sentido lato, das nossas classes dirigentes, e é esse o assunto do ensaio

---

[9] Cf. Jiang Shigong, «Empire and World Order» (2019), *Reading the China Dream*. Disponível em: https://www.readingthechinadream.com/jiang-shigong-empire-and-world-order.html (2022/01/24).

seguinte: «**Política da virtude» e virtude política.** Despertou esperanças — e ilusões — quanto à necessidade e operacionalidade de um salto para «novos paradigmas» institucionais (incluindo um novo sistema global de gestão política e social do planeta), assunto sobre o qual que me debruçarei no texto intitulado **Porque é que (não) precisamos de um «novo contrato social»**. Reclamou a nossa atenção para as relações entre o nosso sentimento de *malaise* social e a eventual patologia moral do nosso tempo, associada aos valores e virtudes (ou à sua falta) predominantes, o que será objecto do ensaio subsequente: **A «casa dividida contra si mesma» e o fim da tolerância.** Aí reencontraremos o confronto actual entre o liberalismo clássico, o *liberalismo* vanguardista iliberal contemporâneo e o democratismo populista iliberal, bem como, a um nível mais profundo, a percepção de que o amoralismo se tornou hoje um novo moralismo e de que o «pluralismo» — (mal) entendido como relativismo, ou como equivalência moral entre todas as posições morais substantivas, com excepção desta mesma tese moral (que seria ela própria «legitimamente» dogmática) — se converteu num novo monismo. A seguir, em **Direito natural clássico e moderna «razão pública». *Etsi Deus non daretur?***, procurei sondar a possibilidade de discernir valores morais objectivos, capazes de unir os seres humanos e de lhes proporcionar paz, liberdade e condições para uma vida plena; bem como as contradições de uma sociedade e de uma «política sem Deus» (ou mesmo contra Ele), como é a nossa. Finalmente, no último ensaio, **A hora mais negra? Considerações sobre os actuais descontentamentos na Igreja Católica**, na sequência do ponto anterior, mas já fora do âmbito político, discorrerei sobre a situação problemática de uma instituição crucial no quadro social mundial e não irrelevante, não só para o sentido da vida de milhões de pessoas (eu incluído), como também para o porvir da nossa sociedade (para não falar da vida eterna...).

De seguida, farei uma breve nota introdutória sobre cada um desses ensaios, sugerindo o seu encadeamento lógico, tendo como pano de fundo *A Tempestade,* de Shakespeare. Por vezes, partirei apenas de fragmentos desses tópicos, como de um mote ou de um lamiré, a ser glosado no momento próprio. Atendendo às suas interconexões, alguns desses temas serão reconvocados e reprocessados, sucessivamente. E muitos deles desembocam talvez em aporias...

«Um tão soberbo barco [...] desfeito em pedaços...»[10]

Já se disse que a pandemia de 2020–2022 terá sido um evento «apocalíptico», não somente no sentido corrente de catastrófico, mas também no seu sentido etimológico de «revelador». A Covid-19 teria funcionado como uma espécie de lupa, ampliando a visibilidade das deformidades do nosso mundo. Esta perspectiva será oportunamente matizada no ensaio **Mazelas e sequelas políticas do Coronavírus.** Claro que a mais espontânea atitude face a esse acontecimento tende a ser, justamente, a sensibilidade e solicitude pelo sofrimento ocorrido. Todavia, neste momento, gostaria apenas de aflorar dois aspectos salientes dessa «revelação»: o nosso imenso medo, e os perigos — a ele associados — que espreitam a nossa liberdade.

O medo não é certamente algo de novo, quer como elemento constitutivo da vida política, quer como ingrediente essencial da teoria política. Poderíamos evocar, classicamente, o designado «teorema de Salústio»[11], em *Bellum Iugurthinum,* sobre o *metus hostiles* — o medo do inimigo externo — enquanto promotor de unidade política e da estabilidade social interna. Na modernidade, ressaltam, obviamente, Maquiavel (para o qual o medo primordial do caos social, resultante da ausência, falência ou fraqueza do Estado, seria a base da política); e Hobbes (para quem o medo instintivo da morte violenta — e o correlativo desejo de auto-preservação e segurança — constituiria a paixão fundadora do contrato social). No século passado, o medo desempenha um papel importante no «realismo político» de Carl Schmitt ou Hans Morgenthau e, contemporaneamente, nos liberalismos de Judith Shklar[12] ou de Martha Nussbaum,[13] por exemplo.[14]

---

[10] Cf. Shakespeare, *The Tempest*, I.ii.

[11] Ver Neal Wood, «Sallust's Theorem: A Comment on "Fear" in Western Political Thought», *History of Political Thought*, Vol. 16, N.º 2, 1995, pp. 174–189.

[12] Ver Judith Shklar, «The Liberalism of Fear», *Liberalism and the Moral Life*, Nancy L. Rosenblum (ed.), Harvard University Press, 1989.

[13] Ver Martha C. Nussbaum, *The Monarchy of Fear: A Philosopher Looks at Our Political Crisis*, Oxford University Press, 2021.

[14] Cf. Gavin Jacobson, «Our age of anxiety...», p. 3. Parte dos dois próximos parágrafos é subsidiária deste artigo, bem como dos livros de Frank Furedi, *How Fear Works. Culture of Fear in the 21st Century*, Bloomsbury Publishing, 2019, e *Culture*

Actualmente, contudo, o medo não avulta apenas como ponto de partida *negativo* — «original» e latente — da sociedade política e do acatamento de uma autoridade comum, que assegure a protecção dos súbditos e a paz social. Para além disso, a sociedade ocidental parece hoje — desde há alguns anos — afectada por uma crescente, doentia e paralisante preocupação com o risco, e a segurança tornou-se o seu principal valor, e uma espécie de religião, ensombrando todas as facetas da vida, desde o modo como nos comportamos face às novas tecnologias e ao ambiente, até à forma como nos relacionamos com os outros e, sobretudo, com o futuro e o condicional. Isto tornou-se avassalador durante a pandemia, mesmo em momentos em que o «discurso do medo» não era proporcionado, com prejuízo de outras preocupações práticas e morais, como as da liberdade, autogoverno, civilidade, privacidade, solidariedade e mesmo humanidade e dignidade, sob o pretexto de um «bem comum» contrafacturado.

E essa tendência parece agravar-se desde então. A cultura do medo está por todo lado. Somos continuamente ameaçados — nomeadamente pela OMS, por gurus de livrarias de aeroporto, e por pessoas como Bill Gates (presumo que por desfastio) — com agouros de calamidades incalculáveis, incontroláveis e inexoráveis; e somos consequentemente induzidos a temer o (fatal) pior. Recentemente, Niall Ferguson elencou os diversos tipos de advertências explosivas — mais ou menos mirabolantes — que somos convidados a recear: para além de outras pandemias futuríveis (sucessoras da «varíola dos macacos»...) e do holocausto ambiental e climático, propalado pelos profetas do milenarismo ecológico, deveríamos prevenir certas ameaças exógenas ou extraterrestres (como invasões alienígenas ou colisões astronómicas), ou endógenas (desastre nuclear, descontrolo caótico da engenharia genética, ciberguerras desaustinadas...), por exemplo.[15] Em consequência, estamos constante e ansiosamente à procura de novas formas de segurança, física ou ontológica.

---

of Fear: Risk Taking and the Morality of Low Expectation, Bloomsbury Academic, 1997, aí citados.

[15] Cf. Niall Ferguson, *Condenação — A Política da Catástrofe*, Lisboa: Temas e Debates/Círculo de Leitores, 2021, pp. 419–423.

Alguns daqueles riscos serão verosímeis e probabilizáveis, e devem ser politicamente precavidos. Mas é evidente que não é possível, nem desejável, eliminar das nossas vidas todas e quaisquer contingências, complicações, perigos ou dores: «navegar é preciso…», como Pompeu, segundo conta Plutarco, exortou os seus marinheiros, temerosos de embarcar da Sicília para Roma devido ao mau tempo.[16] Classicamente, o medo era enfrentado como um desafio moral, em ordem à vida boa e plena, e arrostado por virtudes morais como a coragem. Mas nas últimas décadas, a influência de um certo reducionismo psicologista — que não deixa muito espaço para a virtude, amor à liberdade, idealismo e nobreza —, entre outras razões, conduziu a uma «desmoralização do medo» e, portanto, também da coragem.[17] E talvez isso esteja associado ao «doce evaporar da liberdade»[18], já há muitos anos sentido, mas tornado mais grave no contexto das múltiplas restrições à liberdade, lançadas pelos governos — em nome da segurança — a coberto do «achatamento da curva» da pandemia… De facto, a gestão política do coronavírus proporcionou um laboratório de controlo social: aí se ensaiaram formas de vigilância e rastreio que tendem a tornar-se cada vez mais «seguras», «preventivas», tentaculares e profundas, expropriadoras e quase profanantes da intimidade (à semelhança do que acontece já na República Popular da China), conjugadas com convites

---

[16] Cf. Plutarque, *Vies Parallèles*, Gallimard Quarto, 2001, «Pompée», L.1., p. 1190. A frase original — «*Navigare necesse, vivere non necesse*», se é é que não dita em grego… — foi glosada por muitos, de Petrarca a Fernando Pessoa.

[17] Entretanto, também o império moderno da «ciência» contibuiu para a cultura do medo, desta vez em termos moralizantes: «The culture of fear is perpetuated through a kind of reflexive guilt-tripping, with those who don't heed the warnings of experts being chastised for their recklessness and even immorality. Wrapping the authority of science in the righteous idioms of good and evil, society scolds people for smoking, sunbathing, boozing, using formula milk, eating poorly and not exercising. Furedi's point is not to endorse the tired refrain of "health and safety gone mad", but rather, to suggest that the substantive point is that this moral superiority aims to frighten and morally condemn, turning the banal or quotidian experiences of life - the use of plastics and disposable coffee cups is another recent example — into practices that are constantly scrutinized for the risks they pose to people and the planet.» Cf. Gavin Jacobson, «Our age of anxiety…», p. 4.

[18] Cf. título do livro de João César das Neves, *O Doce Evaporar da Liberdade*, Lisboa: Verbo, 2007.

à denúncia de vizinhos, conformismo e pressão social que — agora sim, com boas razões — não podem deixar de inspirar temor.

A esse propósito, e tendo também em mente a actual «cultura de cancelamento» *progressista*, vale a pena recordar o aviso de Tocqueville: «O mestre já não diz: "Ou pensais como eu, ou morrereis"; mas sim: "Vós tendes a liberdade de pensar de maneira totalmente diversa da minha; podeis conservar a vida e os bens, mas a partir desse dia sereis estrangeiros entre nós. Mantereis os vossos privilégios cidadãos, mas eles tornar-se-ão inúteis, porque se vos quiserdes candidatar, os vossos concidadãos não vos concederão a sua confiança, e se apenas lhes pedirdes a sua estima, até isso eles vos recusarão. Permanecereis entre os homens, mas perdereis os vossos direitos à humanidade. Quando vos aproximardes dos vossos semelhantes, eles fugirão de vós como se fosseis um ser impuro e, quanto àqueles que acreditarem na vossa inocência, até esses vos abandonarão, pois saberão que, caso contrário, também fugirão deles. Ide em paz, deixo-vos a vida, mas deixo-vo-la pior do que a morte."»[19]

Tocqueville reconhecia que, apesar de tudo, «até agora ainda não se encontrou ninguém, nos Estados Unidos, que defendesse a máxima segundo a qual tudo é permitido no interesse da sociedade». Depois, acrescentava que essa era uma «máxima ímpia, que parece ter sido inventada num século de liberdade para legitimar todos os futuros tiranos vindouros».[20] Como sabemos, isso aconteceu mesmo, acontece ainda hoje nos regimes autoritários, e pode vir a acontecer entre nós — nas democracias ocidentais — sob a forma de «servitude douce».[21] E aconteceu — e pode voltar a acontecer — por iniciativa dos «mais ousados inovadores e mais implacáveis lógicos»,[22] dos «engenheiros de almas» e dos visionários de *great resets*. Razão mais do que suficiente para recordar que «direitos sem segurança não têm valor; mas segurança sem direitos [e, poderíamos acrescentar, sem dignidade, liberdade ou justiça] é abjecção».[23]

---

[19] Cf. Alexis de Tocqueville, *Da Democracia na América* [*De la démocratie en Amérique*, 1848], Cascais: Principia, 2001, I–II.vii, pp. 304–305.

[20] *Ibidem*, I–II.vii, p. 343.

[21] *Ibidem*, II–IV.vi, p. 838.

[22] *Ibidem*, I–II.vii, p. 343.

[23] Cf. Harvey Mansfield, *Taming the Prince: The Ambivalence of Modern Executive Power*, Nova Iorque: The Free Press, 1989, pp. 205–206.

No entanto, a verdade é que «poucos governos [...] tiveram grande dificuldade em fazer com que os seus súbditos queiram aquilo que o governo quer». Afinal, «o triunfo do despotismo é conseguir que os escravos declarem que são livres»[24]. Assim, voltemos agora a nossa atenção para os governantes.

«Que importa o nome do rei?»[25]

Como vimos, a Covid-19 terá sido uma espécie de maremoto, um factor de turbulência extrema na navegação política. Mas, «que importa o nome do rei às vagas que assim rugem?», diz o contramestre do navio, n'*A Tempestade* de Shakespeare, entre trovões e relâmpagos, e na iminência do naufrágio. Na crise, é ele — o contramestre — quem manda.[26] A analogia entre o governo da Cidade e o comando de um navio tem uma longa tradição, particularmente na literatura arcaica e clássica grega, desde o século VII a.C. Como se sabe, o termo «governar» deriva do vocábulo grego ***kubernáō*** (*κῠβερνᾰ́ω*) que significa também pilotar: conduzir, guiar ou dirigir um navio. E a metáfora da actividade política assim entendida — e a do governante como «homem do leme» — aparecerá, mais ou menos claramente, e com muitas variantes, em Arquíloco, Alceu de Mitilene, Eveno de Paros, Ésquilo, Sófocles, Aristófanes, Platão (ao qual voltarei) e Aristóteles, entre outros.[27] Na actualidade, para além

---

[24] Cf. Isaiah Berlin, *The Proper Study of Mankind: An Anthology of Essays*, Random House, 2012, p. 236.

[25] Cf. Shakespeare, *The Tempest*, I.i.

[26] Como veremos, *A Tempestade* pode ser interpretada como uma investigação sobre a possibilidade de um rei sábio, no sentido explorado pela *República* de Platão (que Shakespeare conheceria talvez através de Montaigne). Cf. Paul A. Cantor, «Introduction: Shakespeare and Politics», *The Great Thinkers*. Disponível em: https://thegreatthinkers.org/shakespeare-and-politics/introduction/ (2022/08/21). Ver também Paul A. Cantor, «The Tempest (Video Series, Lecture 1 of 2)», *The Great Thinkers*, em https://thegreatthinkers.org/shakespeare-and-politics/video-series/?video=28&tab=2. Ver Carlos M. Fernandes, «Tempestade perfeita», *Observador*, 22 de abril de 2022. Disponível em: https://observador.pt/opiniao/tempestade-perfeita/ (2022/07/20).

[27] Ver Paula da Cunha Corrêa, «The "Ship of Fools" in Euenus 8b and Plato's Republic 488a–489a», in Laura Swift and Chris Carey, *Iambus and Elegy: New Approaches*, Abril de 2016, pp. 295–309; e Roger Brock, *Greek Political Imagery from Homer to Aristotle*, A&C Black, 2013, pp. 53 ss.

dos tópicos tradicionais desse símile — o fito e a rota, a importância da previsão e da prevenção, os escolhos reais, as condições atmosféricas, os perigos de naufrágio... — a analogia náutica abrangeria também a dificuldade de navegar no mar encapelado e tumultuoso da opinião pública, composta pelos preconceitos e miragens de milhões de indivíduos, cujos caóticos ventos e correntes são agitados pelos *media*.[28]

Na «alegoria da nau do Estado» (também chamada como a da «nau dos loucos»), constante do Livro VI da *República*, Sócrates pede a Adimanto para imaginar uma frota ou um navio em que o armador é «superior em tamanho e força a todos os que se encontram na embarcação, mas um tanto surdo e com a vista a condizer, e conhecimentos náuticos da mesma extensão»; e em que os marinheiros lutam «uns contra os outros, por causa do leme, entendendo cada um deles que deve ser o piloto» [...] e «tomam conta do navio, apoderam-se da sua carga, bebem e regalam-se de comer» [...], sem se aperceber «que o verdadeiro piloto precisa de se preocupar com o ano, as estações, o céu, os astros, os ventos e tudo o que e diz respeito à sua arte, se quer ser de facto o comandante do navio, a fim de o governar...» «Quando se originam tais acontecimentos nos navios, não te parece que o verdadeiro piloto será realmente apodado de nefelibata, palrador, inútil, pelos navegantes...?»[29] Segundo a interpretação comum, o armador (o dono do navio) é o *Demos* — o povo —, corpulento, míope, mouco e tonto; os tripulantes são os políticos demagogos que — na sua disputa insana pelo poder — embriagam o dono da nau, desordenam tudo e dissipam a mercadoria; e o «verdadeiro piloto» é o perito genuíno, o comandante sábio.

Nesta alegoria, comparecem, obviamente, a meritocracia moral e intelectual e o antidemocratismo tipicamente platónicos: o verdadeiro piloto seria — e deveria ser — aquele que conhece «as estações, o céu, os astros, os ventos e tudo o que e diz respeito à sua arte...». Mas podemos colocar estes tópicos, de momento, entre parênteses.[30] Para o efeito

---

[28] Cf. Rory Stewart. «Take off the mask: Why habits of truth are vital for governing», *TLS-Times Literary Supplement*, 20 de Agosto de 2021, p. 8.

[29] Cf. Platão, *República*, 488a–489a.

[30] Voltaremos a este tema no ensaio «Mazelas e sequelas políticas do Coronavírus». Entretanto, a literatura contemporânea crítica sobre a meritocracia, iniciada

agora pretendido, importa antes de sublinhar que — para o Sócrates da *República* — a principal ameaça à navegação não é provocada por factores externos, seja a inclemência dos elementos (as tempestades, ventos, correntes marítimas, ondas ou ressacas, a névoa ou cerração, os baixios traiçoeiros...), sejam assaltos de piratas ou agressões de armadas estrangeiras. Não deriva tampouco de problemas materiais (a própria embarcação, com os seus aparelhos, velame e cordame...). Antes, a ameaça é causada sobretudo pela incompetência do dono do navio (o povo) e pela disfuncionalidade da tripulação (o pessoal político). Revisito esse tema — o da centralidade da qualidade moral e política dos governantes, em articulação com o «capital social» (o espírito do tempo, a cultura, os valores e carácter do povo) — no ensaio intitulado **«Política da virtude» e virtude política.** Aí, observaremos o pensamento político dos humanistas italianos do *Trecento* e *Quattrocento* (como Petrarca, Leonardo Bruni, Biondo Flavio ou Francesco Patrizi de Siena, por exemplo), em confronto com Maquiavel, em torno das ideias de *soulcraft* e *statecraft*.

Contudo, gostaria de adiantar, desde já, um aspecto fulcral do contraste entre ambos: o das consequências não intencionadas — no próprio carácter do governante ou no do povo — das acções tidas como imorais realizadas com eventuais boas intenções. Ao sacrificar a integridade pessoal ao sucesso político, o governante maquiaveliano arruinaria a própria fama que persegue, comprometeria a dignidade necessária para o escorar nos infortúnios, erros ou ansiedades que a vida política implica, e minaria a credibilidade moral de que precisa face ao seu povo e subordinados. Maquiavel e os seus herdeiros supunham que a falsidade e os hábitos perversos de pensamento, discurso e actuação política eram como que uma máscara — algo postiço e descartável, que o príncipe poderia colocar ou tirar quando oportuno, a seu bel-prazer — usando ou não a capacidade de «não ser bom», consoante

---

por Michael Young na sua distopia *The Rise of Meritocracy* [1958], Routledge, 1994, foi recentemente alentada por Michael J. Sandel, em *The Tyranny of Merit: What's Become of the Common Good?*, Farrar, Straus and Giroux, 2020, numa visão céptica ou mesmo sombria, e por Adrian Wooldridge, em *The Aristocracy of Talent. How meritocracy made the modern world*, Penguin Books, 2021, numa perspectiva positiva e talvez ingénua. Cf. Ferdinand Mount, «The guidance of brains. How much is too much meritocracy?», *TLS-Times Literary Supplement*, 30 de Julho de 2021, pp. 7–9.

a necessidade.[31] Ao contrário, os humanistas italianos perceberam que essas máscaras seriam adesivas e corrosivas, lesando duradouramente a capacidade de governar dos seus portadores. Essas máscaras colar-se-iam à pele do rosto (e da alma), carcomê-la-iam e transformar-se-iam na autêntica *persona*. De resto, os humanistas italianos — tal como Maquiavel — não ignoravam a turbulência «marítima» da actividade governativa: a injustiça e frustração da política, a força das marés, a importância dos «astros» e da fortuna, o facto de as mentiras serem mais digestíveis do que a verdade... Também sabiam, evidentemente, que seria sempre possível portar-se mal e, mesmo assim (ou por causa disso) triunfar politicamente, pelo menos no curto prazo. Mas, para eles, ao contrário de Maquiavel, isso seria uma escolha e não uma *necessità*.[32]

A partir de *A Tempestade* e de outras peças de Shakespeare, retiramos a desagradável impressão de que corremos o risco de ser governados por pessoas cruéis; ou por loucos, como se recolhe da leitura da «nau do Estado» de Platão. Não será necessariamente assim. Em qualquer caso, talvez possamos admitir que «as elites estarão sempre connosco; a única escolha é entre uma elite boa ou uma má»[33]. Entretanto, outras versões daquela alegoria sugerem causas diferentes para a fragilidade da ordem social e política: talvez os loucos não sejam tanto (ou apenas) os governantes quanto (ou também) as massas — agora no papel de passageiros — na indulgência nos seus prazeres, na futilidade dos seus desejos, na ingência das suas necessidades; talvez o mar revolto prefigure antes o abismo e estrondo das paixões populares. Teremos que tomá-los em consideração. Antes, porém, olharemos para o rumo que o navio está a seguir.

---

[31] Cf. Maquiavel, *O Príncipe*, XV. Ver Rory Stewart. «Take off the mask», *op. cit.*, pp. 8 e 9.

[32] Cf. Rory Stewart. «Take off the mask», *ibidem*.

[33] Cf. Harvey Mansfield, «The Vulgar and the Sophisticates», *City Journal*, 20 de Janeiro de 2017. Disponível em: https://www.city-journal.org/html/vulgar-and-sophisticates-14976.html (2022/10/19).

«Ó admirável mundo novo!»[34]

No final da primeira vaga da pandemia de 2020-22, num discurso pesadamente ideológico, o secretário-geral das Nações Unidas manifestou-se revoltado contra «o mito de que estamos todos no mesmo barco». Porque, disse, «embora todos estejamos flutuando no mesmo mar, é claro que alguns navegam em super-iates, enquanto outros estão agarrados a destroços à deriva». E concluía pela necessidade imperiosa de «um novo contrato social para uma nova era».[35] Sendo assim, «nada poderia ser pior do que um regresso à normalidade» como observou a activista progressista Arundhati Roy. Aliás, «historicamente, as pandemias forçaram os humanos a romper com o passado e imaginar o seu mundo de novo. Esta não é diferente: é um portal, uma porta de passagem entre um mundo e o outro.»[36]

Há algo de verdadeiro, ou pelo menos verosímil, nestas observações. Mas também há algo de banal e, sobretudo, algo de inquietante. Por um lado, tendemos a considerar como «epocais» — precipitadamente, talvez — acontecimentos da nossa própria época, aqueles que nos abalam ou entusiasmam, a nós... Assim, ouvimos sentenciar sucessivamente que «a crise financeira mudou o mundo», que «a pandemia mudou o mundo», e que «a guerra na Ucrânia mudou o mundo»... Muita coisa se alterou e alterará, sem dúvida, embora seja difícil saber — sem distância histórica, no calor do momento — se essas alterações são episódicas, conjunturais ou estruturais, e se são ou não disruptivas. Por outro lado, somos tentados a imaginar rapidamente «soluções» drásticas para consertar (ou mesmo «salvar») o mundo. Sem excluir a possibilidade de que algumas vezes, excepcionalmente, seja mesmo necessário introduzir inovações radicais no «contrato social», não podemos esquecer que o «homem comum» é resistente e renitente face

[34] Cf. Shakespeare, *The Tempest*, V.i.

[35] Cf. António Guterres, «Tackling the Inequality Pandemic: A New Social Contract for a New Era», *Sustainable Development Goals*, 18 de Julho de 2020. Disponível em: https://www.un.org/sustainabledevelopment/a-new-social-contract-for-a-new-era/ (2022/01/20).

[36] Cf. Arundhati Roy, «The Pandemic Is a Portal», *Financial Times*, 3 de Abril de 2020. Disponível em: https://www.ft.com/content/10d8f5e8–74eb-11ea-95fe-fcd27 4e920ca (2022/07/24)

a revoluções (em sentido lato). Assim, em geral, esses novos amanhãs e *great resets* têm de ser impostos autoritariamente, de cima para baixo, por uma pequena vanguarda vocal; revelam-se frequentemente como sonhos utópicos e contraproducentes; e acabam em pesadelos, nos quais a pessoa humana é violentada e a sua humanidade é aviltada. Isso já aconteceu, tragicamente, muitas vezes, e é isso que devemos procurar evitar a todo o custo. Ao mesmo tempo, «devemos obedecer à grande lei da mudança. É a mais poderosa lei da natureza, e talvez o meio da sua conservação»[37]. E se não mudarmos e ajustarmos gradualmente os nossos arranjos político-sociais, de acordo com as circunstâncias e o «gemido do mundo», corremos o risco de vir a enfrentar escolhas trágicas.

É também verdade, portanto, que devemos sonhar melhorar vigorosamente a sociedade em que vivemos. No ensaio sobre **Porque é que (não) precisamos de um «novo contrato social»**, procuro discutir os caminhos desse melhorismo, em torno de três problemas de fundo: a evolução demográfica (baixa natalidade, envelhecimento e maior esperança de vida); a crise da família natural (vista como erosão da ecologia humana); e o futuro do trabalho e do emprego (ou o trabalho e o emprego do futuro).

De momento, deter-me-ei apenas em dois pontos. O primeiro prende-se com o desfasamento entre aquilo que aflige razoavelmente as pessoas comuns — nomeadamente, no momento em que escrevo, a escassez energética e alimentar, a ruptura das cadeias de aprovisionamento, o brutal aumento dos preços, a penúria, as restrições à liberdade individual, a dificuldade em arranjar casa, a injustiça fiscal, o colapso do sentido de identidade e pertença... (para não falar das privações pungentes dos povos mais pobres) —, por um lado e, por outro, as agendas sofisticadas e grandiloquentes dos peritos, burocratas e instituições multilaterais ou supranacionais, misturadas com as dos lobistas, bilionários na moda, notabilidades, «activistas verdes», militantes digitais e devotos de ciclovias (e que podemos talvez denominar «preocupações de ricos», embora possam estar também relacionadas com legítimas

[37] Cf. Edmund Burke, «A Letter to Sir Hercules Langrishe on the Catholics of Ireland» [1792], in *Select Works of Edmund Burke*, Vol. 4, *Miscellaneous Writings*, Indianapolis: Liberty Fund, 1999, p. 247.

apreensões de longo prazo),[38] visando um admirável mundo novo e um salto para um qualquer obscuro «novo normal».[39] Não me refiro ao necessário e salutar distanciamento e elevação do poder político, para que a representação e mediação políticas sejam prudentes, responsáveis e efectivas; nem ao equilíbrio entre a presunção favorável face aos descontentamentos populares recorrentes (como em Edmund Burke, parcialmente) e o receio face às paixões irracionais e tumultuosas das massas (como em Publius).[40] Ao contrário, refiro-me precisamente à falta de equilíbrio: quer por voluntarismo ideológico, quer por arrogância e sensação de impunidade da classe dirigente. Acresce que essa aspiração a um inédito novo mundo está frequentemente associada a mais centralização, uniformização, regulamentação e, geralmente, ao

---

[38] Trata-se de um fenómeno que não é propriamente novo, mas que se tem acentuado. Ver Samuel P. Huntington, «Dead Souls: The Denationalization of the American Elite», *The National Interest*, 1 de Março de 2004, disponível em: https://nationalinterest.org/print/article/dead-souls-the-denationalization-of-the-american-elite-620 (2022/11/24). Aí, Huntington regista que as elites americanas — ao contrário do seu povo — olvidaram «*the mystic chords of memory*» referidos por Abraham Lincoln no seu primeiro discurso inaugural, e se transformaram em «almas mortas». Trata-se de uma alusão expressa ao poema «My Native Land» de Walter Scott: «Breathes there the man with soul so dead/ Who never to himself hath said:/ "This is my own, my native Land?"/ Whose heart hath ne'er within him burned/ As home his footsteps he hath turned/ From wandering on a foreign strand?» Segundo Huntington, esse divórcio favoreceu o declínio de confiança nas instituições, e a redução do interesse e participação pública na política, tornando o sistema materialmente menos «representativo».

[39] Afinal de contas, num contexto de endividamento público insustentável e de enorme peso do Estado na sociedade, enfrentamos agora, basicamente, os mesmos problemas do «velho normal» e, eventualmente, as mesmas velhas soluções alternativas ou complementares: maior crescimento económico; «austeridade»; e, ou «repressão financeira» (indução de taxas de juro real artificialmente baixas, permitindo maior inflação). Ver Minouche Shafik, *What We Owe Each Other*, p. 149.

[40] De resto, como dizia ainda Burke, a verdadeira sagacidade política manifestar-se-á na capacidade em distinguir entre os clamores e reivindicações populares que resultam da geral debilidade da nossa natureza, e aqueles que revelam a particular desordem e perturbação do tempo presente. Cf. Edmund Burke, «Thoughts on the Cause of the Present Discontents» [1770], *Select Works of Edmund Burke* (4 vols.), Vol. 1, Indianapolis: Liberty Fund, 1999, p. 71.

apelo à governação supranacional. Aliás, a «salvação do planeta» fornece uma conveniente justificação — definitiva, suficiente e sem limite — para cada vez mais impostos, controlo e privações. Ora, «aqueles que pedem que as nações do mundo se unam contra as ameaças à humanidade deviam considerar a hipótese de a própria unificação ser a maior ameaça»[41], atendendo precisamente à sua opacidade, funcionalismo tecnocrático, tentacularidade, «independência» das (e dessintonia com) as opiniões comuns e *deficit* democrático.

O segundo ponto a que me queria referir está relacionado com a confiança unilateral nos dispositivos institucionais e uma certa impaciência com as imperfeições do nosso mundo. Todavia, as instituições não funcionam sozinhas, independentemente das pessoas que vão conviver com elas. A qualidade e índole das leis e instituições afectam o «capital social», mas também são afectadas por ele, numa interacção virtuosa, ou viciosa. Por outro lado, não há regimes ou arranjos perfeitos ou definitivos. Em *A Tempestade*, Gonzalo — o «velho honrado conselheiro» —, personifica o utopismo político: bem-intencionado, idiota e desastroso. Gonzalo é bondoso e honesto, mas não é prudente. Ignora a maldade, imperfeições, lapsos e corrupções da natureza humana e acredita que um arranjo político adequado geraria espontaneamente a harmonia social.[42] E também Miranda, ingenuamente, suspira: «Ó maravilha! [...] Que bela é a humanidade! Ó admirável

---

[41] Cf. Bryan Caplan, «The Totalitarian Threat», in *Global Catastrophic Risks*, Nick Bostrom e Milan M. Cirkovic (eds.), 2008, citado por Niall Ferguson, *Condenação...*, p. 423.

[42] Veja-se como seria o mundo perfeito e paradisíaco governado pelo velho e honrado conselheiro do Duque de Milão: «I' th' the commonwealth I would by contraries Execute all things; for no kind of traffic Would I admit; no name of magistrate; Letters should not be known; riches, poverty, And use of service, none; contract, succession, Bourn, bound of land, tilth, vineyard, none; No use of metal, corn, or wine, or oil; No occupation; all men idle, all; And women too, but innocent and pure; No sovereignty [...] All things in common nature should produce Without sweat or endeavour: treason, felony, Sword, pike, knife, gun, or need of any engine, Would I not have; but nature should bring forth, Of its own kind, all foison, all abundance, To feed my innocent people» (*The Tempest*, II, i). Ver Benjamin Wiker, «A Tempestade. William Shakespeare», *Dez Livros Que Todo Conservador Deve Ler*, Campinas: Vide Editorial, 2016, pp. 205–209.

mundo novo, que tem gente assim!»[43] Ora, quase todos os tripulantes do navio que ela assim admira — a «gente assim» — eram usurpadores, intriguistas, fratricidas, bêbados e bobos da corte, tolos honestos e tolos desonestos, mesquinhos, grosseiros e covardes. Não é demais recordar «que o homem permanece sempre livre e dado que a sua liberdade é também sempre frágil, não existirá jamais neste mundo o reino do bem definitivamente consolidado. Quem prometesse o mundo melhor que duraria irrevocavelmente para sempre, faria uma promessa falsa; ignorando a liberdade humana. A liberdade deve ser incessantemente conquistada para o bem. A livre adesão ao bem nunca acontece simplesmente por si mesma. Se houvesse estruturas que fixassem de modo irrevogável uma determinada — boa — condição do mundo, ficaria negada a liberdade do homem e, por este motivo, não seriam de modo algum, em definitivo, boas estruturas.»[44]

Isto não quer dizer que não hajas estruturas melhores e outras piores, quer absolutamente quer condicionalmente, consoante as circunstâncias. Quer dizer, antes, que vale a pena debruçar-se sobre os «hábitos do coração» e os «hábitos da mente» do nosso tempo[45], os quais acabam por prevalecer sobre as leis. Quer dizer também, como dizia Václav Havel algures, que devemos libertar os nossos valores e imperativos morais do seu «exílio privado», tomando-os com ponto de partida dos nossos actos.

«A festa chegou ao fim...»[46]

Na «alegoria da nau do Estado», os marinheiros lutam «uns contra os outros [...], sempre a assediar o dono do navio, a pedir-lhe e a fazer tudo para que lhes entregue o leme»[47]. As facções e o conflito social constituem um ingrediente normal da vida política, mas a sua agudização — sob formas extremadas de facciosismo — constitui uma

[43] Cf. Shakespeare, *The Tempest*, V.i.
[44] Cf.Bento XVI, *Spe Salvi*, 2007, 24.
[45] Cf. Alexis de Tocqueville, *Da Democracia na América*, I–II.ix.
[46] Cf. Shakespeare, *The Tempest*, IV, i.
[47] Cf. Platão, *República*, 488a.

preocupação política fundamental, de Aristóteles aos Federalistas, passando por Maquiavel, porque comprometedora da lealdade política fundamental, fatal para o Estado, e desembocante na tirania. É esse o tema do ensaio seguinte, intitulado **A casa dividida contra si mesma e o fim da tolerância.**

Como sabemos, as linhas de clivagem tradicionais — descendentes da velha dicotomia esquerda *vs.* direita — sofreram entretanto transformações várias, e há quem sugira, desde há muito, que estamos perante novas ordens ideológicas e novos paradigmas de fractura social e política. Isso seria patente nos (des)arranjos partidários das últimas décadas e, nomeadamente, na erosão e mesmo implosão de partidos antes tidos como incumbentes da esquerda e da direita nominais (como em França e Itália, notoriamente).[48] Hoje, o alinhamento político far-se-ia em torno de novas polaridades, e definido por novas coordenadas de valores, ideias e interesses, dando lugar a diferentes agrupamentos e entrecruzadas facções: por exemplo, entre vencedores e derrotados da globalização; entre o «povo» e a «oligarquia», ou entre populistas e tecnocratas ou meritocratas; entre identitários e multiculturalistas, nacionalistas e globalistas; entre velhos e novos; entre adeptos da tradição e experimentalistas; entre crentes e seculares etc.[49] Como vemos, muitas dessas dualidades ecoam ainda a contraposição clássica entre os «poucos» e os «muitos». Algumas serão talvez «dicotomias infelizes» (como dizia Ralf Dahrendorf), mas a verdade é que a incomunicação e animadversão entre cada uma dessas partes se tem tornado mais intensa e problemática, em luta pela alma do nosso tempo.

O problema não é a variedade, nem mesmo o conflito, é a ausência de «comunidade» básica. As antigas fontes de solidariedade e coesão — parentesco, vizinhança, história comum, linguagem, mitos e ritos,

[48] Em qualquer caso, essa antiga distinção não é inteiramente descartável. Ver Roger Scruton, «What is Left» e «What is Right», in *Fools, Frauds and Firebrands: Thinkers of the New Left*, Londres: Bloomsbury, 2006, pp. 1 ss. e pp. 273 ss., respectivamente. Ver também Martin Seymour Lipset, «Left and Right: Ideological Divides in the 21st Century», *International Meetings in Political Studies. From Arrábida to Estoril, through Sintra and Cascais*, (Vol. I: 1993–2023), Lisboa: Universidade Católica Editora, 2022, pp. 373–381.

[49] Ver Jaime Nogueira Pinto, «França em marcha», *Observador*, 30 de Abril de 2022. Disponível em: https://observador.pt/opiniao/a-franca-em-marcha/ (2022–08–29).

religião, costumes e padrões éticos partilhados... — foram desvanecidas por fenómenos como a diversificação cultural interna (e também, paradoxalmente, pela homogeneização cultural internacional), o pluralismo religioso e moral, a descristianização, a globalização, as migrações, a urbanização etc. Agora, onde encontrar substitutos? A sugestão liberal é que as novas nascentes de solidariedade se deverão procurar no compromisso geral com as regras e valores políticos básicos do constitucionalismo liberal democrático. Isso poderia suscitar uma espécie de «patriotismo cívico» e «inclusivo».[50] Entre outros, John Rawls forneceu uma poderosa articulação teórica para esta sugestão, particularmente aplicável aos «combates culturais» contemporâneos. Atendendo ao «facto do pluralismo» em temas éticos — e também para proteger a autonomia espiritual e moral dos cidadãos —, Rawls sustentou vigorosamente a prioridade do «justo» sobre o «bem». Numa sociedade heterogénea, a ideia de bem — em política — seria divisiva, por ser de conteúdo controvertido. Assim, as diversas doutrinas «compreensivas», as diferentes concepções particulares de bem — religiosas, metafísicas, ideológicas ou morais — deveriam ser colocadas em surdina, no discurso público. E o Estado deveria manter-se neutral face a essas matérias, para as quais não seria competente. Necessário seria apenas o acordo sobre os princípios de justiça que deveriam vigorar na sociedade, princípios de que todos os cidadãos razoáveis poderiam comungar, num «*overlapping consensus*», independentemente das divergências entre as respectivas doutrinas abrangentes, desde que estas sejam — mais uma vez — razoáveis. E esse consenso seria também suficientemente agregador da comunidade política.

Esta visão não é desprovida de méritos e a ela voltaremos. Mas também são conhecidas as objecções a que foi sujeita: por exemplo, qualquer concepção de justiça — mesmo que apresentada como puramente processual — está necessariamente «infectada» por alguma noção de bem e, portanto, nunca será, por inteiro, moralmente neutra; por outro lado, as concepções de justiça também são controversas,

---

[50] Ver Lawrence Douglas, «Divided we fall? Diversity and democracy», *TLS-Times Literary Supplement*, 1 de Julho de 2022, p. 10 (recensão de *The Great Experiment. Why Diverse Democracies Fall Apart and How they Can Endure*, de Yascha Mounk, Bloomsbury, 2022).

incomensuráveis e passíveis de pluralismo, razoável ou não, de modo análogo às concepções de bem; por fim, não será sempre simples distinguir o que razoável, respeitável ou tolerável do que o não é, tanto numa como noutra dessas concepções, etc.[51] Em qualquer caso, o que se pode afirmar com alguma segurança é que, empiricamente, o *«overlapping consensus»* fracassou, enquanto argamassa social. Actualmente, «a primeira pessoa do plural de confiança mútua» tem uma entidade muito ténue.[52] No limite — e é onde estamos? —, não teremos já nada em comum, excepto a liberdade para discordar sobre aquilo que constitui esse chão comum.[53] Dá ideia que só uma guerra (e o medo do inimigo) — o instinto hobbesiano de sobrevivência, afinal — pode voltar a unir-nos (como pode ter acontecido, talvez, com a reacção à invasão russa da Ucrânia) mas essa não é uma perspectiva consoladora e sustentável.

Dir-se-ia que uma radical «incomensurabilidade» de valores desceu do recinto olímpico e esotérico dos filósofos — onde era aparentemente inofensivo — para uma babélica praça pública, onde não conseguimos construir nada em conjunto. «Receio que não nos tenhamos livrado inteiramente de Deus, uma vez que ainda acreditamos na gramática»[54], dizia Nietzsche (referindo-se à crença em que a estrutura da linguagem expressa e pressupõe, de algum modo, a convicção numa ordem real das coisas, fundada no Ser). E é isso que parece termos conseguido agora: já não acreditamos na possibilidade da referência à realidade, e sem isso não pode haver comunicação significativa.

Estamos numa encruzilhada. Por um lado, uma sociedade não parece poder subsistir sem uma «simpatia comum» e um *ethos* mínimo partilhado, que garantam um módico de auto-compreensão. Por outro

---

[51] Sobre o assunto, vale a pena ver João Cardoso Rosas, «Should the Liberal State Be Neutral?», e John Kekes, «Pluralism in Opposition to Liberalism», ambos em *International Meetings in Political Studies…*, pp. 97–111 e 269–288, respectivamente.

[52] Ver Timothy Garton Ash, «The future of liberalism», *Prospect Magazine*, Janeiro/Fevereiro de 2021. Disponível em: https://www.prospectmagazine.co.uk/magazine/the-future-of-liberalism-brexit-trump-philosophy (2022/04/15).

[53] Ver Lawrence Douglas, «Divided We Fall?…», *op. cit.*

[54] Cf. Friedrich Nietzsche, *O Crepúsculo dos Ídolos*, Lisboa: Edições 70, 2018, p. 31. Ver Alasdair MacIntyre, *Tres Versiones Rivales de Ética* [1990], Madrid: Ediciones Rialp, 1992, p. 98.

lado, esse *ethos* deve ser razoável e decente. Por último, o Estado não pode indoctrinar verdades oficiais (mesmo que sejam verdadeiras) nem, muito menos, «nobres mentiras». Não se vê que possa haver uma solução política para este problema. Como diz Prospero na sua alocução final em *A Tempestade*, o governante não tem nenhuma varinha mágica (ou divina), nem poderes extraordinários, para poder fazer emergir a ordem a partir do caos ou suscitar concordância a partir do desacordo.[55]

Resta-nos a presunção favorável à liberdade e ao pluralismo.

Mas porque é que a liberdade é assim tão valiosa? Porque é condição necessária para a auto-constituição significativa de cada pessoa. Por isso, politicamente, a liberdade não é um mero valor formal, mas um valor material — a que corresponde um direito fundamental — que, num Estado constitucional, impõe limites à legislação e à vontade da maioria. Por isso, politicamente, a liberdade tem um sentido predominantemente *negativo*. Mas isto só é assim porque, do ponto de vista pessoal, o valor da liberdade não pode deixar de ser sobretudo *positivo*: o seu valor decorre do valor dos seus fins. Neste sentido, pessoal, o fim e o ideal da liberdade não é nunca, meramente, mais liberdade, esvaziada de sentido: é liberdade para realizar alguma coisa que seja humanamente valiosa (que não pode ser o Estado a ditar...). Mas isto não implicará, por sua vez, alguma ideia básica comum sobre «o que é o homem»?

«Somos feitos da matéria com que se tecem os sonhos...»[56]

Nas suas *Lições de Lógica*, Kant elencou os principais interesses da razão filosófica: «o que posso saber?», «o que devo fazer?», e «o que posso esperar?» E assinala que estas três inquietações humanas básicas se reconduzem a uma quarta: precisamente, à pergunta sobre «o que é o homem»...[57]

---

[55] Cf. Shakespeare, *The Tempest*, V, Epílogo.

[56] Cf. Shakespeare, *The Tempest*, IV, i.

[57] Cf. Immanuel Kant, *Lectures on Logic*, [Logik, Jäsche], Cambridge: Cambridge University Press, 2004, p. 538. Ver Robert Spaemann, *Lo Natural y lo Racional*, Madrid: Rialp, p. 22.

Como sabemos, Kant, ele mesmo, não respondeu propriamente a essa questão aparentemente decisiva. Em qualquer caso, parece razoável admitir que qualquer civilização se ergue sobre o que se considera ser aquilo que faz com que o ser humano seja um ser humano, e sobre o valor que se lhe atribui; e que quanto mais acertada for essa cultura, mais humana, digna e livre será a convivência política. O mesmo se poderia dizer sobre aquilo que faz com que um homem seja um homem, ou que faz com que uma mulher seja uma mulher. Até há bem pouco tempo, nunca houvera dúvidas sobre isso, mas foi precisamente a esta última questão que Ketanji Brown Jackson, juiz do Supremo Tribunal dos EUA, confessou não saber responder, em Março de 2022. É verdade que a política deve poder prescindir de cavilosas controvérsias antropológicas. A política é uma actividade predominantemente prudencial, que lida com as particulares experiências de povos particulares, e suscita regimes particulares visando aquilo que é justo, aqui e agora, sob uma ordem de liberdade e de paz, procurando conjugar expediência e praticabilidade com a justiça. Mas também é verdade que a política pressupõe — ao nível pré-político ou trans-político — um entendimento mínimo da universal experiência humana e a aceitação de alguns «factos da vida» básicos: afinal, a matéria da política é a natureza ou condição humana, encarnada em pessoas concretas.[58] É este o tema do ensaio **Direito natural clássico e moderna «razão pública». *Etsi Deus non daretur?***

Na modernidade — a partir de Hobbes e Maquiavel, segundo Leo Strauss —, a política dispensou o suporte de um ideal de perfeição humana, a favor de algo que embora fosse mais «baixo» tinha a vantagem de ser mais «sólido» e consensual: *grosso modo*, o interesse próprio, mais ou menos bem entendido, visando o bem comum político de modo mais estrito. Digamos que isto não resultou mal, mesmo tendo em conta todos os danos colaterais. Agora, contudo, parece que essa solidez se está a derreter[59], reflectindo, aparentemente, o esmaecimento da imagem bíblica do homem que, apesar de tudo, dava consistência à «liberdade dos modernos».

---

[58] Ver Harry V. Jaffa, *Crisis of the House Divided: An Interpretation of the Issues in the Lincoln-Douglas Debates* [1959], The University of Chicago Press, 1982; pp. iii–vi.

[59] Ver Steven B. Smith, «In Defense of Liberalism», *The Public Discourse*, 11 de Setembro de 2022. Disponível em https://www.thepublicdiscourse.com/2022/09/84496/ (2022/09/22).

Não é possível exagerar os méritos e alcance do constitucionalismo demo-liberal, apesar das suas inevitáveis imperfeições. Mas vale a pena também recordar, com Václav Havel, que «a separação dos poderes [...], o direito de voto universal, o Estado de Direito, a liberdade de expressão, a inviolabilidade da propriedade privada — e todos os outros aspectos da democracia como um sistema que deve ser o menos injusto e o menos capaz de violência — são meros instrumentos técnicos que permitem ao homem viver com dignidade, liberdade e responsabilidade. Mas por si só, eles não podem garantir a dignidade humana, a liberdade e a responsabilidade. A fonte dessas potencialidades humanas básicas está em outro lugar: na relação do homem com aquilo que o transcende. Acho que os pais da democracia americana sabiam isso muito bem.»[60] Ora, é para essa transcendência que remete o ensaio seguinte.

«É meu fim desesperado, Se o não resgatar a prece...»[61]

A Igreja Católica sempre foi simbolizada por uma periclitante barca, singrando no mar tempestuoso da história. A tripulação desta nave é constituída por pescadores, sendo Pedro o mais proeminente. Nestes mais de dois mil anos, de vez em quando, parece ouvir-se o ressoar da censura de Jesus ao Pescador quando ele «não pensa nas coisas de Deus, mas sim nas dos homens» (Mt 16, 23), em combate contra os ventos do dia.[62] É sobre essa tormenta que me debruço no último ensaio — **A hora mais negra? Considerações sobre os actuais descontentamentos na Igreja Católica** —, reflectindo sobre a situação interna dessa instituição, a sua missão espiritual e a sua finalidade sobrenatural. De momento, gostaria apenas de fazer uma breve e parcelar anotação sobre a relação actual entre a Fé no Deus bíblico e a Cidade dos homens.

---

[60] Cf. Václav Havel, «Forgetting We Are Not God», *First Things*, March 1995. Disponível em: https://www.firstthings.com/article/1995/03/forgetting-we-are-not-god (2022/10/17).

[61] Cf. Shakespeare, *The Tempest*, V, Epílogo.

[62] Cf. Wendell Hull, «The Ahab Papacy», *Crisis Magazine*, 8 de Agosto de 2022. Disponível em: https://www.crisismagazine.com/2022/the-ahab-papacy?utm_ (2022/09/28).

Em 1950, Thaddeus Heuss — então presidente da República Federal da Alemanha — lembrou que «a Europa nasceu em três colinas: a Acrópole, o Capitólio e o Gólgota».[63] Essa formulação evoca, por outras palavras, a identificação simbólica do Ocidente como espaço de encontro — e confronto — entre «Atenas, Roma e Jerusalém», emanando daí um quadro de valores que marcou o carácter da nossa civilização. Talvez se possa dizer que só do tronco da tradição judaico-cristã brotou a consciência da igual e inerente dignidade da pessoa humana, da irracionalidade dos mitos políticos (nomeadamente, o das utopias), da relatividade da política e do Estado, bem como a afirmação da primazia do valor intrínseco da pessoa individual, da sua relação com Deus e com o seu fim transcendente.

Entretanto, a nossa sociedade produziu «um mundo próspero num grau superior a tudo o que foi anteriormente imaginado», mas «este mundo, a cada década que passa, tornou-se cada vez mais espiritualmente empobrecido. A guerra contra esta pobreza é a grande tarefa inacabada diante de nós»[64], ainda que o outro inimigo, a pobreza material, nunca se dê por vencido... Assim, «muitos sofrem de uma pobreza espiritual de tal modo profunda e abrangente que os seus efeitos desumanizadores e enervantes são considerados normais, como se a perda da transcendência fosse simplesmente como as coisas são e deveriam ser. Aqueles que estão espiritualmente empobrecidos não reconhecem a sua pobreza; na verdade, eles pensam que estão acordados, vendo mais longe e melhor do que qualquer outra pessoa.»[65]

Em contraponto, conta-se que em 1787, num momento em que o Congresso dos Estados Unidos defrontava uma qualquer situação espinhosa, Benjamin Franklin terá sugerido que se fizesse uma oração a Deus, implorando o Seu auxílio para a resolução desses problemas; ao que Alexander Hamilton terá respondido dizendo que «não via necessidade de pedir ajuda estrangeira [ou externa]». Descontando o sarcasmo, esse

---

[63] Citado por Georg Gänswein, *Cómo la Iglesia católica puede restaurar nuestra cultura*, Madrid: Rialp, 2021, p. 132.

[64] Referido por R.J. Snell, citando Irving Kristol, «Quiet Hope: A New Year's Resolution», *The Public Discourse*, 31 de Dezembro de 2019. Disponível em: https://www.thepublicdiscourse.com/2019/12/59322/ (2022/10/22).

[65] *Ibidem.*

comentário pode ser bem interpretado. É verdade que a referência pública a Deus, a nível institucional, depende legitimamente das tradições e idiossincrasia de cada nação, e que nada exige a profanidade absoluta do espaço público. Aliás, pode mesmo duvidar-se da possibilidade ou viabilidade de uma sociedade puramente secular.[66] É ainda mais verdade que o pedido íntimo de ajuda a Deus, por parte de um crente — seja em que função for, pública ou privada — é inteiramente razoável. Contudo, por outro lado, não precisamos de nenhuma «religião civil», seja religiosa ou secular. Nesta perspectiva, a laicidade bem entendida é uma evolução positiva das sociedades abertas e plurais, porquanto preserva a liberdade religiosa dos cidadãos, a liberdade das diversas confissões e a liberdade dos Estados. O canto da sereia da aliança entre o poder político e a «verdade» — entre o «trono e o altar» (incluindo o altar da deusa Razão) — causou já demasiados estragos. É certo que «se não há verdade sobre o homem, então ele não tem liberdade.»[67] Mas essa verdade só pode ser «apropriada» se o for livremente e em consciência, sem coacção: na conversação entre o mundo da razão secular e o mundo da fé religiosa, que é necessária para ambos.[68] De algum modo, a Fé cristã será sempre subversiva da ordem instalada (porque esta estará sempre carente de purificação). E vice-versa.[69] Contudo, se erradicarmos do espaço público qualquer contributo espiritual ou religioso na definição do bem comum temporal, dificilmente poderemos evitar a deriva para novas formas de religião civil[70], particularmente na fórmula predominante de secularismo confessional.

---

[66] Cf. Rémi Brague, «The Impossibility of Secular Society.Without a Transcendent Horizon, Society Cannot Endure», *First Things*, Outubro de 2013. Disponível em: https://www.firstthings.com/article/2013/10/the-impossibility-of-secular-society (2022/10–«/17).

[67] Cf. Joseph Ratzinger, *Truth and Tolerance: Christian Belief and World Religions*, São Francisco: Ignatius Press, 2004, p. 258.

[68] Cf. Bento XIV, *Meeting with the Representatives of British Society*, Westminster, 2010/09/17.

[69] Ver Pedro Rosa Ferro, *Política, Ciência e Consciência*, Coimbra: Almedina, 2020, pp. 146–147.

[70] Ver Theresa MacArt, «Aquinas's Theology of Politics», *The Public Discourse*, 19 de Outubro 2022. Disponível em: https://www.thepublicdiscourse.com/2022/10/85291/ (2022/10/25).

Em qualquer caso, os crentes farão bem em participar no debate racional democrático, promovendo o bem comum — o respeito pela vida, a liberdade, a solidariedade, a família... —, prestando atenção «a cada fragmento de verdade que encontrem na experiência de vida e na cultura dos indivíduos e das Nações» e sem renunciar a «afirmar tudo o que a sua fé e o recto uso da razão lhe deram a conhecer»[71]. E o Estado faria bem em acolher livremente no espaço público as perspectivas morais e culturais de fundo religioso.[72] Não estou certo que isso esteja a acontecer. No que respeita aos cristãos, a alternativa que enfrentam ou virão a enfrentar é esta: ser desprezados pelos seus inimigos por serem tíbios, ou ser detestados por serem coerentes e bons[73]; e, neste último caso, voltar a viver como viveram ao princípio (e, em última análise, talvez isso seja o que nos convém...): como hereges, ostracizados e perseguidos, acusados de cultivar uma «ominosa superstição» e de *odium generis humani*, como dizia Tácito.[74] No que respeita ao Estado, no melhor dos casos, a religião passou de ser tomada como «o ópio do povo» para ser desconfortavelmente tolerada como «o tabaco do povo»: deixe de fumar ou, se não conseguir, fume pouco e só [privadamente] em sua casa...[75]

Todavia, assim corremos o risco de ignorar «quão incrivelmente míope pode ser um ser humano que se esqueceu de que não é Deus»[76].

---

[71] Cf. João Paulo II, *Centesimus Annus*, 46.

[72] Ver Pedro Rosa Ferro, *Democracia Liberal: A Política, o Justo e o Bem*, Coimbra: Almedina, 2012, p. 145.

[73] Ver Anthony Esolen, «The Lazy and Hateful Gray Lady Targets Christian Schools», *Crisis Magazine*, 31 de Janeiro de 2019. Disponível em: https://www.crisismagazine.com/opinion/the-lazy-and-hateful-gray-lady-targets-christian-schools (2022/11/13).

[74] Cf. Tácito, *Annales*, 15.44. Disponível em: http://www.thelatinlibrary.com/tacitus/tac.ann15.shtml (2022/10/18).

[75] Cf. Álvaro Sánchez León, «Andrés Ollero: "En una democracia no se puede mandar a nadie a las catacumbas"», *Aceprensa*, 12 de Julho de 2022. Disponível em: https://laicismo.org/andres-ollero-en-una-democracia-no-se-puede-mandar-a-nadie-a-las-catacumbas/263179 (2022/09/26).

[76] Cf. Václav Havel, «Forgetting We Are Not God», *First Things*, *op. cit.*

MAZELAS E SEQUELAS POLÍTICAS DO CORONAVÍRUS*

É preciso ficar, aqui, entre as ruínas.
E aferir a balança e tecer linho e lã.
É preciso o jardim a envolver oficinas.
É preciso amanhã.

António Manuel Couto Viana (*Para hoje*)

Em meados do século XIV, a Peste Negra devastou entre um terço e três quintos da população europeia. Originada na Ásia Central ou Oriental, atingindo duramente a China, terá sido depois transportada para a Europa pelos mercadores genoveses, entre outros, por mar e terra, eventualmente através da antiga Rota da Seda. Nos últimos anos, aqui e ali, surgiram ensaios de paralelismo entre essa e a nossa relativamente benigna pandemia dos anos 2020 e seguintes.[1] A Peste Negra

---

* Versão revista e desenvolvida de ensaio, como mesmo título, publicado na *Nova Cidadania*, n.º 72, Novembro de 2020/Fevevereiro 2021, pp. 40–45.

[1] É sempre confrangedor fazer estatísticas de mortos. De qualquer modo, vale a pena ter uma ideia das ordens de grandeza. Num livro claramente escrito cedo demais, Niall Ferguson registou que até Setembro/Outubro de 2020 a Covid-19 tinha matado cerca de 1,1 milhões de pessoas — 0,0114% da população mundial — fazendo dela a 26.ª mais desastrosa da história (cf. Niall Ferguson, *Condenação — A Política da Catástrofe*, Lisboa: Temas e Debates/ Círculo de Leitores, 2021, pp. 55). Contudo, o pior estava ainda para vir. No momento em que escrevo (Fevereiro de 2023), ao fim de três anos, o número oficial de mortes imputáveis à Covid-19, desde o início, estima-se em cerca de 6,7 milhões (cf. https://www.worldometers.info/coronavirus/). Todavia, o «excesso de mortalidade» por essa causa, atendendo ao número de mortos totais nesses anos, face ao expectável se não tivesse ocorrido a pandemia, não está esclarecido.

terá surgido na China, tal como o nosso coronavírus. O seu alastramento foi propiciado pelo desenvolvimento do comércio entre continentes, tal como a transmissão da Covid-19 terá sido potenciada pela globalização e pela «Nova Rota da Seda». Na altura, aquela foi julgada por alguns como um castigo de Deus; analogamente, a nossa peste foi considerada como uma vingança da natureza contra os nossos pecados ecológicos[2] (que exigiriam penitência e conversão...). Alguns historiadores associam a convulsão económica, social, política e religiosa gerada pela Peste Negra à emergência do Renascimento. Agora, aquando da nossa pandemia, muitos manifestaram a esperança de que ela venha a marcar um ponto de viragem na história[3], dando origem a uma nova renascença — a mais um novo paradigma — em que «nada seja como dantes», e enterrando para sempre a «idade das trevas» (expressão cunhada por Petrarca...) do

---

Pode ser menor (e para alguns muito menor) — porque a maioria das mortes ditas por Covid-19 estaria associada a comorbidades, sendo que apenas uma parte dessas mortes seria imputável a este coronavírus, ou porque muitos dos falecidos teriam morrido na mesma, de qualquer outra maneira... — ou pode ser maior (e para alguns muito maior). Além disso, terá havido pessoas que morreram (por outras causas) devido à falta de cuidados médicos normais, por efeito dos confinamentos e do medo, quer dos pacientes, quer do pessoal médico, e terá havido também pessoas vitimadas pela vacinação (Alguns destes efeitos foram impropriamente chamados «efeitos indirectos» da Covid-19, mas na realidade são resultado directo de políticas adoptadas não necessariamente). Por outro lado, terá havido também, em sentido contrário, mortes (muito menos numerosas, aparentemente) que não ocorreram, mas ocorreriam em tempos normais, como as causadas por acidentes de tráfico, por exemplo. A título de comparação — e além das grandes pragas do passado, muito mais mortíferas — a «gripe espanhola» (1918/1919) vitimou 40 a 50 milhões de pessoas, quando a população mundial era muito menor (cerca de 1,8 mil milhões, contra cerca de 8 mil milhões, actualmente). Entretanto, a anterior maior pandemia que atingiu o mundo nos últimos sessenta anos — a sida — matava, no seu auge (2005–2006), quase dois milhões de pessoas por ano.

[2] Ver José Carlos Fernandes, «Da Teoria da Punição aos Planos de Mudança: Pode Um Vírus Salvar a Humanidade (de si mesma)?», *Observador*, 28 de Junho de 2020. Disponível em: https://observador.pt/especiais/da-teoria-da-punicao-aos-planos-de-mudanca-pode-um-virus-salvar-a-humanidade-de-si-mesma/?ct=t(coronavirus_2020_03_10_copy_01) (2020/07/08).

[3] Cf. Margaret MacMillan, «The world after covid-19. Margaret MacMillan on covid-19 as a turning point in history», *The Economist*, 9 de Maio de 2020. Disponível em: https://www.economist.com/by-invitation/2020/05/09/margaret-macmillan-on-covid-19–as-a-turning-point-in-history (2020/07/09).

neoliberalismo... Abrir-se-ia finalmente a janela de oportunidade para *the great reset*, há muito tempo desejado, como propala efusivamente o World Economic Forum.[4] Seria uma «oportunidade de ouro [...] como nunca tivemos antes e talvez nunca mais voltemos a ter», cujas «ondas de choque sem precedentes podem muito bem tornar as pessoas mais receptivas a grandes visões de mudança»[5]. A crise da Covid-19 teria uma função catártica: o trauma, a tragédia desta praga seria uma ocasião de purificação, exorcismo e saneamento colectivos, em termos seculares, rumo a uma sociedade mais solidária, responsável, inclusiva, resiliente, equitativa, tolerante, sustentável, saudável, etc.

«Non à un retour à la normale»?

À partida, ninguém razoavelmente discordará desses magnos e piedosos objectivos que, assim alinhados, parecem uma ladainha de platitudes. A questão é que esses valores podem ser entendidos de formas muito diversas. A questão é também como chegar lá. Em Maio de 2020, foi publicado no *Le Monde* um manifesto intitulado «Non à un retour à la normale», assinado por cerca de 200 celebridades — em grande parte provenientes do *showbiz* (de Madonna ao fatal Javier Bardem...), mas também do activismo social (Naomi Klein, por exemplo) e da comunidade científica (incluindo alguns *nobelizados*) — nos termos do qual «a catástrofe ecológica em curso resulta de uma "meta-crise" [...], os "ajustamentos" são insuficientes, o problema é sistémico [...], e impõe uma mudança radical»[6]. A menina Greta Thunberg disse

---

[4] Cf. «The Great Reset», *Worl EconomicForum*. Disponível em:https://www.weforum.org/agenda/2020/06/now-is-the-time-for-a-great-reset/ (2020/09/09).

[5] Cf. Charles, Príncipe de Gales (discursando num evento do *World Economic Forum* sobre «*The Great Reset*»), «Coronavirus Crisis Presents a "Golden Opportunity" to Reboot the Economy, Prince Charles Says», CNBC, 3 de Junho de 2020. Disponível em: https://www.cnbc.com/2020/06/03/prince-charles-covid-19–a-golden-opportunity-to-reboot-the-economy.html (2022/11/12).

[6] Cf. Madonna, Javier Bardem *et. al.*, «Non à un retour à la normale», *Le Monde*, 6 de Maio de 2020. Disponível em: https://www.lemonde.fr/idees/article/2020/05/06/non-a-un-retour-a-la-normale-de-robert-de-niro-a-juliette-binoche-de-joaquin-phoenix-a-angele-l-appel-de-200–artistes-et-scientifiques_6038775_3232.html (2020–07–17).

mais ou menos a mesma coisa, em nome da *ciência*, como é seu costume.[7] Na altura, o príncipe e agora rei Carlos III — a quem me custa ver em tais companhias — asseverou que «precisamos de nada menos que uma mudança de paradigma, uma mudança que inspire a acção a níveis e ritmo revolucionários»[8]. Mariana Mazzucato também não tinha dúvidas: com base na ideia — peregrina, pouco fundamentada e historicamente absurda (embora muito ventilada) — de que a essa pandemia era uma consequência da degradação ambiental, Mazzucato sentenciou que a protecção do futuro da civilização exigirá, quer queiramos ou não, «uma revisão radical» dos nossos sistemas financeiros, políticos, energéticos e de *corporate governance*[9]. Mais radical, o estalinista heterodoxo Žižek concordava: agora que as velhas ortodoxias se afundam, o mundo precisaria de uma forma muito nova de comunismo, afirmou, a propósito dessa pandemia.[10] E mais radicais ainda foram aqueles activistas *woke* que, no Verão de 2020, por esse mundo fora — sob o pretexto da justa indignação pelo racismo e pela morte ignominiosa de George Floyd — vandalizaram e incendiaram igrejas e monumentos públicos, intimidaram e humilharam pessoas que acontece terem opiniões diferentes das suas, deixando atrás de si um rasto de violência e ódio, no exercício daquilo a que John Gray chama o «uso pedagógico do

---

[7] Cf. «Earth Day: Greta Thunberg calls for "new path" after pandemic», *The Guardian*, 22 de Abril de 2020. Disponível em: https://www.theguardian.com/environment/2020/apr/22/earth-day-greta-thunberg-calls-for-new-path-after-pandemic (2020/07/23).

[8] Cf. Charles, Príncipe de Gales, «A Keynote Speech Delivered by HRH The Prince of Wales at the World Economic Forum in Davos, Switzerland», 22 de Janeiro de 2020. Disponível em: https://www.princeofwales.gov.uk/speech/keynote-speech-delivered-hrh-prince-wales-world-economic-forum-davos-switzerland (2022/11/12).

[9] Cf. Mariana Mazzucato, «Opinion: We Need to Act Boldly Now if We Are to Avoid Economy-wide Lockdowns to Halt Climate Change», *MarketWatch*, 23 de Setembro de 2020. https://www.marketwatch.com/story/we-need-to-act-boldly-now-if-we-are-to-avoid-economy-wide-lockdowns-to-halt-climate-change-11600879250?link=sfmw_tw (2020/11/30).

[10] Cf. «Pandemic! by Slavoj Žižek, Review — The Philosopher Provides his Solution», *The Guardian*, 23 de Abril de 2020. Disponível em: https://www.theguardian.com/books/2020/apr/23/pandemic-by-slavoj-zizek-review-the-philosopher-provides-his-solution (2020/07/18).

medo»[11]. Como se sabe, o objectivo dos insurgentes *woke* não era tanto exorcizar o Ocidente dos seus putativos pecados fundacionais, como sobretudo, de passagem, libertá-lo e «curá-lo» das ideias obscurantistas do sexo biológico, da família tradicional e do mercado livre.[12]

Francamente, confesso que a minha inclinação inicial foi desejar ardentemente que tudo voltasse depressa ao velho normal (caso isso fosse possível), para começar. Não vejo nada sistemicamente perverso — bem pelo contrário — no *sistema* do Estado de Direito, da democracia liberal e da economia de mercado. Isto não é cinismo. Não é preciso ser-se adepto de qualquer teoria da conspiração para se sentir desconfortável quando um grémio das pessoas mais ricas, poderosas e flamejantes do planeta (e com tendência para a santimónia...) se coordenam e sincronizam para «redefinir» — *reset* — autoritariamente a ordem mundial, e salvar o mundo, sem outra legitimidade para além da sua riqueza e poder fáctico.[13] Além disso, julgo que a boa política não se pensa ou faz a partir do zero, como voltando a começar desde o princípio, mas edificando sobre o que, politicamente, já existe e funciona, embora imperfeitamente. Mas também estou longe de pensar

---

[11] Cf. John Gray, «The Woke Have No Vision of the Future", *UnHerd*, 17 de Junho de 2020, Disponível em: https://unherd.com/2020/06/the-woke-have-no-vision-of-the-future/ (2020/07/30).

[12] Ver Juan Meseguer, «La trampa de la ideología *woke*», *Aceprensa*, 17 de Julho de 2020. Disponível em: https://www.aceprensa.com/politica/la-trampa-de-la-ideologia-woke/ (2020/07/30).

[13] Cf. Ben Sixsmith, «What Is the Great Reset? It's not Everything it's Cracked Up to Be», *The Spectator USA*, 17 de Novembro de 2020. Disponível em: https://spectator.us/great-reset-davos-klaus-schwab/ (2020/12/07). Podemos perguntar: «Is this what you want? Is this what you voted for? Is this the life you desire? To be an admiring plaything of the Davos elite, caught like poor Hans Castorp in zugzwang at the Berghof clinic? [...] A velvet prison with plays, music, even opera. Where absolutely everyone is well treated. And where all the best people go»... Ver Michael Walsh, «Atop the Magic Mountain, "The Great Reset"», *The Pipe Line*, 15 de Agosto de 2020. Disponível em: https://the-pipeline.org/atop-the-magic-mountain-the-great-reset/ (2022/10–/24). Ver também *The Economist*, «Schumpeter. The Committee to Save the Planet?», 7 de Junho de 2022, p. 61, sobre aquele que o *The Economist* designou, ironicamente, como o «Comitê para Salvar o Planeta», composto por um triunvirato *woke*: Mark Carney, antigo governador do Banco de Inglaterra, Larry Fink, o famigerado chefe da BlackRock, a maior empresa de investimento do mundo, e Jamie Dimon, CEO do JPMorgan Chase, o maior banco dos EUA

que a situação existencial pré-Covid era satisfatória, livre e justa para todos. Sei que o mundo social nunca será perfeito, e também sei que isso não é razão suficiente para deixar de o procurar melhorar, sem cessar. É certo que «as instituições democráticas não melhoram por si próprias. O problema do seu melhoramento é sempre um problema mais para as pessoas do que para as instituições»[14]. Também por isso prefiro as reformas e avanços parcelares e graduais, feitos de equilíbrios e compromissos: os tais «ajustamentos» que os revolucionários de salão do *Le Monde* abominam, considerando serem apenas um estratagema hipócrita para que tudo fique na mesma (como sugeria Tancredi em *Il Gattopardo*, de Tomasi di Lampedusa). Ao contrário, julgo que é o modo mais seguro e realista de mudar para melhor, e o mais poupado em dilemas trágicos, privações, desordem e destruição de vidas e valores.

O regresso do Leviathan?

Em qualquer caso, as pessoas que saem de uma calamidade estão mais abertas — e vulneráveis, umas vezes para o bem, outras não... — a mudanças radicais ou, pelo menos, a inovações significativas, políticas e institucionais.[15] O sufrágio universal, o imposto sobre o rendimento, o *New Deal* e o *welfare state*, nacionalizações várias, as Nações Unidas e a CEE, por exemplo, resultaram de guerras, depressões e crises, bem como a União Soviética, o III Reich ou a China maoista... Acompanhando essas transformações sociais, encontra-se, quase sempre, a expansão e maior intervenção do Estado: com mais poderes, mais responsabilidades, mais despesas e, consequentemente, mais impostos e mais dívida.[16] Isso voltou a acontecer agora, e tende a agravar-se,

---

[14] Cf. Karl Popper, *The Open Society and its Enemies*, Vol. 1 [1945], Londres: George Routledge & Sons, Ltd., 1947, p. 110.

[15] Cf. «Margaret MacMillan on Covid-19 as a Turning Point in History», *op. cit.* Ver *The Economist*, «The State and Covid-19. Everything´s Under Control», 28 de Março de 2020, p. 10.

[16] Sobre o assunto, em geral, ver Robert Higgs, *Crisis and Leviathan: Critical Episodes in the Growth of American Government*, Edição do 25.º Aniversário, Independent Institute, 2013. Ver também *The Economist*, «The triumph of big government», 26 de Novembro de 2021, pp. 13–14.

pelas mesmas óbvias razões: em tempos de pandemia — cuja analogia com a guerra foi frequentemente usada — o Estado é mais eficiente do que o mercado; só ele tem capacidade para mobilizar recursos vastos, em tempo útil, de modo a *segurar* empresas e famílias, e para isolar, amordaçar (refiro-me às máscaras...) e aprisionar as pessoas nos seus domicílios. Assim em nome da saúde pública, os Estados suprimiram ou condicionaram as liberdades de circulação, de reunião, de culto, de ensino, de comércio, etc. Vários países — Coreia do Sul, Hong Kong, Singapura e Taiwan (para não falar da China continental) — montaram esquemas digitais de vigilância massiva, recolheram e processaram dados pessoais, controlaram movimentos, conexões e transacções..., e foram aplaudidos por isso. Mais tarde, países supostamente liberais — como o Canadá, Áustria ou Austrália — adoptaram iliberais e draconianas medidas repressivas, além da vacinação compulsória.

Dir-se-á que tudo isto correspondeu a uma situação provisória e excepcional — de emergência e susto — para debelar a pandemia e evitar o colapso da economia, até que o sistema pudesse «ter alta», sair da unidade de cuidados intensivos, recobrar o funcionamento e aguentar o processo de *phasing-out*. Pode dizer-se também que a necessidade de «mais Estado» já se tinha experimentado antes da pandemia (e que esta depois catalisou), em exigências de recuperação do investimento público (nomeadamente, em infraestruturas) e de alargamento ou reforma do serviço público de saúde e da «rede de segurança» social; e que o crescimento e maior activismo do Estado poderá vir também a acontecer por razões alheias à pandemia, como o amparo financeiro do envelhecimento da população, a subsidiação da descarbonização da economia e — em consequência da guerra na Ucrânia — o reforço do investimento na Defesa e na segurança energética. Mesmo assim, é bom lembrar que os maus hábitos são difíceis de desarraigar...

Historicamente, os Estados resistem a devolver os acréscimos de poder que lhe são oferecidos durante as crises e gostam de «ter tudo sob controlo»[17]. E não é de excluir que o próprio povo o reclame, como

[17] Ver «The State and Covid-19. Everything's Under Control» e «The Pandemic and the State. Creating the Coronopticon», ambos em *The Economist*, 28 de Março de 2020, p. 10 e pp. 17–22, respectivamente. Ver Samuel Gregg, «The Great Price of

veremos a seguir. «A História ensina que o abuso de poderes de emergência costuma ser uma porta de entrada para a tirania. Os romanos tinham um magistrado constitucional conhecido como ditador, que podia receber poderes de emergência cuidadosamente delimitados por um período de seis meses.»[18] Durante três séculos, essa instituição funcionou razoavelmente bem, em geral, dentro de suas atribuições. Mas quando a República começou a nomear ditadores de poderes não especificados e prazos ilimitados, primeiro com Sila, depois com César, o deslizamento para a autocracia tornou-se irreversível. E este é um padrão recorrente: «a maioria das dezenas de cidades-repúblicas populares na Itália medieval passou ao regime de *signoria* depois da concessão de poderes de emergência a poderosos *signori*; no Renascimento, os Medici tornaram-se os senhores não oficiais de Florença graças a longos períodos de usufruto de um poder de emergência, chamado *balìe*, conferido pelo governo republicano da cidade»[19]. E algo de semelhante se verificou nos casos da ditadura militar de Cromwell e do imperialismo de Napoleão.

Por outro lado, a pressão da tecnologia para criar «smart countries», e para *digitalizar* (e monitorizar) a sociedade e a vida das pessoas, não vai parar. Aliás, a intensificação — que a pandemia magnificou — da «informatização instantânea» da economia, com a proliferação ubíqua de todo o tipo de sensores e outros dispositivos digitais, permitindo o controlo e registo online de transacções bancárias, transporte e entrega de mercadorias, quantidades e preços, etc., fornecem aos governos e bancos centrais um manancial de dados, em tempo real, sem precedentes. É verdade que isso pode permitir melhores decisões por parte das autoridades — decisões mais precisas, focadas e atempadas —, mas tem também os seus riscos, o menor dos quais não será a tentação de uma economia *panopticónica*: a miragem da posse de uma cyberbola-de-cristal, a *hybris* da presunção de omnisciência capaz da planificação da

America's Great Lockdown. Retracting the State Is Hard», *Acton Institute Powerblog*, 5 de Maio de 2020. Disponível em: https://blog.acton.org/archives/116035–the-great-price-of-americas-great-lockdown.html (2020/07/09).

[18] Cf. James Hankins, «Sweet Land of Tyranny», *Law & Liberty*, 4 de Junho 2020. Disponível em: https://lawliberty.org/sweet-land-of-tyranny/ (2021/11/27).

[19] *Ibidem.*

economia por direcção central digital (o sonho da China...)[20], a ilusão de poder dispensar a «mão invisível». Por fim, a maré ideológica estará a virar a favor de um novo e maior papel do Estado na economia, depois de décadas de predomínio teórico do liberalismo económico.

Como se sabe, a governação é algo de muito circunstancial. Situações extraordinárias reclamam respostas políticas extraordinárias (dentro do razoável). Mas, como vimos, se as soluções excepcionais, de curto prazo, e apropriadas somente em momentos de emergência, se converterem no *new normal* (ou no *next normal*), não poderemos evitar alguns problemas por demais conhecidos e, provavelmente, outros problemas inéditos, proporcionados pela «aceleração digital». O engrandecimento e intervencionismo estatais tendem a agravar os «custos de contexto», inibir acréscimos de produtividade e distorcer os mercados. O aumento da dívida pública para além de certos limites complica o crescimento económico e sobrecarrega as gerações futuras. Depois, ao contrário do que fomos tentados a pensar — atendendo aos níveis baixíssimos de inflação e taxas de juros, na altura — continua a não haver «almoços grátis». Os governos não possuem — através de emissão de dívida, ou dos seus Bancos centrais, ou da articulação (ou da fusão) entre ambos — nenhuma «árvore das patacas» (*magic money tree*). As políticas monetárias não convencionais já ensaiadas ou sugeridas — tipo *quantitative easing*, ou *helicopter money*, ou a indução de taxas de juro negativas — podem estimular a economia real, no curto prazo (como parecia adequado na fase inicial da pandemia, em que o risco mais iminente e temido era o da deflação), mas no médio e longo prazos não são sustentáveis, e poderão conduzir a uma outra estagflação, para além de induzir a irresponsabilidade e desencorajar a poupança.[21] Aliás, esses riscos foram entretanto reconhecidos, temidos e dolorosamente experimentados. E é bom não esquecer que o investimento privado e o dinamismo da economia são ainda os meios mais verosímeis de sustentar o emprego e reduzir a pobreza (mesmo sendo certo que eles não diminuem automaticamente a desigualdade e não dispensam «ajustamentos»). Aliás, nos últimos tempos — antes

[20] Cf. *The Economist*, 23 de Outubro de 2021, «Instant Economics», p. 13.

[21] Ver *The Economist*, «Free Money» e «A New Era of Economics», 25 de Julho de 2020, pp. 7 e 13–16.

da Covid-19 — o crescimento económico nos países mais desenvolvidos — mormente, nos EUA —, por efeito da expansão do emprego, teve efeitos redistributivos numa escala desconhecida nas décadas anteriores: a parte do PIB correspondente aos rendimentos do trabalho cresceu, e os benefícios foram maiores no caso dos trabalhadores com menor remuneração.[22]

«Vai ficar tudo mal»?[23]

Contudo, a questão mais perigosa é a do efeito do estatismo na autonomia e privacidade dos indivíduos, capitalizando o seu medo. De facto, a crise do coronavírus trouxe à superfície, de passagem, um imenso medo da morte. A pressa e o zelo com que tantas pessoas, no início da pandemia, fugiram das ruas e do seu local de trabalho e se trancaram em casa — mais cedo e mais severamente do que as autoridades então preconizavam —, o modo como viralizaram o seu pânico, e a resistência de muitos em regressar ao normal quando as coisas depois melhoraram, revelaram o nosso pavor ante a perspectiva da mortalidade e da finitude. Não sei se hoje tememos o perigo e a morte mais do que em épocas pretéritas, embora haja indícios de que isso esteja a acontecer. Mas não há dúvida de que o nosso tempo lida mal com essa perspectiva e que não se sente preparado para ela. Talvez porque um grande número de pessoas — descrendo ou desesperando da vida eterna — se agarra a esta vida como se não houvesse outra, e ignora que estamos «nas mãos de Deus». Nesse sentido, Niall Ferguson registou a plausibilidade de que «uma sociedade com uma vida familiar, uma vida comunitária e uma vida religiosa mais fortes estivesse mais bem equipada [...] para aguentar a angústia da sobre-mortalidade do que uma sociedade que, em muitos aspectos, se "desmoronou"»[24]. Aliás, aquando da «gripe asiática» de 1957-1958 — à qual a nossa pandemia, nos finais de 2020, se parecia assemelhar (em grau de

[22] Ver *The Economist*, «A New Era of Economics», p. 14.

[23] Cf. título do livro de Carlos M. Fernandes, *Vai Ficar Tudo Mal*, Alêtheia Editores, 2021.

[24] Cf. Ferguson, *Condenação*, pp. 238 e 257.

infecciosidade e letalidade) — ninguém pensou em «fechar o país», como nós fizemos.[25]

Em qualquer caso, o nosso actual «securitarismo», a nossa aversão ao risco e o nosso apego à segurança — aquilo a que se chamou *safetyism*[26] — parecem ter crescido desmesuradamente nas últimas décadas, com sacrifício de bens e valores outrora irrenunciáveis, como os da liberdade, privacidade e solidariedade.[27] Thomas Hobbes, no *Leviathan*, obrigou-nos a pensar sobre de quanta liberdade estamos dispostos a abdicar em troca da segurança e protecção de um Estado. Pelos vistos (atendendo à submissão complacente com que os cidadãos — em Portugal, desde logo, mas não só — acolheram as restrições que foram impostas no início dessa crise às suas liberdades e direitos fundamentais), de quase toda...[28]: ao medo hobbesiano da morte violenta sucedeu o medo filistino da morte na cama. Mas não podemos deixar de nos interrogar sobre quão longe e fundo deverá o Estado ser autorizado a ir para nos *segurar*, de modo que não venhamos a ser confinados a um redil, reduzidos (como dizia Tocqueville) «a nada mais do que um rebanho de animais tímidos e industriosos, de que o governo é o pastor». Aliás, não seria surpreendente que esse «pastor» — os Estados nacionais, a União Europeia ou a ONU, em nome do «bem comum» e da exigência higiénica de *contactless*... — se preparasse agora para implantar *microchips* subcutâneos no seu medroso rebanho de ovelhas e carneiros humanos (como se faz aos animais), que permitiriam aceder facilmente à sua história médica e registo de

---

[25] *Ibidem.*

[26] Em *The Coddling of the American Mind* (2018), Jonathan Haidt e Greg Lukianoff propuseram a designação «safetyism» como o título de uma nova «cultura moral» na qual a segurança se tornou um valor quase sagrado. Cf. Allen Porter, «It's Time to Oppose Covid Authoritarianism», *The Public Discourse*, 16 de Novembro de 2021. Disponível em: https://www.thepublicdiscourse.com/2021/11/79056/ (2022/01/15).

[27] Ver Pedro Rosa Ferro, «Quatro Ideias Para Além do Coronavírus», *Observatório Almedina*. Disponível em: https://observatorio.almedina.net/index.php/2020/04/02/quatro-ideias-para-alem-do-coronavirus/ (2020/07/13).

[28] Cf. Niguel Warburton, «(Hospital) Trolley Problems. Some Philosophical Responses to the Coronavirus», *TLS-Times Literary Supplement*, 15 de Maio de 2020, p. 7.

vacinas e controlar os seus passos[29], para sua própria protecção e segurança, claro... Aliás, o mesmo dispositivo poderia servir para fazer pagamentos (o que já está a acontecer), de modo que — no futuro — «ninguém possa comprar ou vender, senão aquele que tiver o sinal [...] ou o número do seu nome», como diz o livro do Apocalipse (Ap 13, 17). E, assim, aquele «poder imenso e tutelar» — «um poder absoluto, pormenorizado, ordenado, previdente e suave» — tomará «cada um dos indivíduos nas suas poderosas mãos», modelando-os «a seu jeito», encarregando-se «sozinho da organização dos seus prazeres e de velar pelo seu destino». O nome que Tocqueville dá a isto é: «servidão, ordenada, calma e amena»[30]. Aliás, vale a pena lembrar que, «de todas as tiranias, uma tirania exercida sinceramente pelo bem das suas vítimas pode ser a mais opressiva. Seria melhor viver sob o comando de barões rapaces do que sob o comando de intrometidos morais omnipotentes. A crueldade do barão rapace pode talvez abrandar, e a sua cupidez pode em algum momento ser saciada; mas aqueles que nos atormentam para o nosso próprio bem atormentar-nos-ão sem fim, pois fazem-no com a aprovação da sua própria consciência»[31].

«Science is the belief in the ignorance of experts»[32]

Mesmo durante as vagas mais agressivas da pandemia, pode discutir-se se as medidas coercivas aplicadas pelo Estado foram razoáveis, justas e proporcionadas. A meu ver, nem sempre foram. No princípio, o abuso mais notável — e cruel — foi a imposição de completa solidão aos moribundos nas horas derradeiras, bem como a privação de assistência religiosa. E um dos mais insolentes exemplos desse autoritarismo

[29] Cf. Henry Martin, «Can Chips Improve your Health?», *CEO Insight*. Disponível em: https://ceo-insight.com/innovation/can-chips-improve-your-health/ (2020/07/29).

[30] Cf. Alexis de Tocqueville, *Da Democracia na América* [*De la démocratie en Amérique*, 1848], Cascais: Principia, 2001, II–IV.vi, pp. 837–838.

[31] Cf. C.S. Lewis, *God in the Dock: Essays on Theology and Ethics*, Michigan: Eerdmans Publishing Company, 2000, p. 292.

[32] Cf. Richard Feynman, «What is Science?», *The Physics Teacher*, Vol. 7, issue 6, 1969, pp. 313–320. Disponível em: http://www.feynman.com/science/what-is-science/ (2020/07/15).

correspondeu às regras que a nossa Direcção-Geral da Saúde (na sequência do primeiro confinamento) prescreveu à Igreja Católica para uma «Comunhão segura» dos seus fiéis (!)... (bem como a instruções igualmente intrusivas no culto de outras religiões). Paralelamente, as medidas restritivas adoptadas em muito países privilegiaram sobretudo os interesses e riscos das classes mais abastadas, em detrimento dos mais desfavorecidos. Estes últimos — os que não podem, maioritariamente, «trabalhar por *Zoom*», e cujos meios de subsistência poderiam entrar em colapso com os decretos de emergência sanitária — preocupam-se muito menos com os riscos de saúde do que aqueles que têm rendimento garantido, ou cujas funções são confortavelmente compatíveis com trabalho remoto, em casas espaçosas, com o equipamento adequado, e sem que as crianças os apoquentem. E, de facto, pôr a economia em «coma induzido» (pelos confinamentos) precipitou na pobreza milhões daquelas pessoas. Assim, não é de estranhar — como evidenciado pelas ulteriores manifestações de protesto, aqui e ali — que políticas que reflectiam os interesses e a específica tolerância ao risco dos mais afluentes, em prejuízo daqueles cuja vida é mais precária, tivessem sido percebidas por estes últimos como a mais nua e crua tirania, uma «tirania de exercício». Eles não são «negacionistas», são simplesmente pobres ou remediados, e precisam de trabalhar para viver... Mas, não foi só isso. Não se tratou apenas de tirania informal. Muitas das medidas prosseguidas tê-lo-ão sido sem respeito (e sem necessidade) pelas formas constitucionais que protegem as liberdades e garantias dos cidadãos.[33]

---

[33] Cf. James Hankins, «Sweet Land of Tyranny», *op. cit.* Entretanto, no momento em escrevo (Novembro de 2022), receia-se que a anunciada revisão constitucional coloque em causa garantias e direitos de liberdade, nomeadamente a garantia de que a privação de liberdade dos cidadãos apenas é possível mediante decisão judicial. Segundo dizia então o bastonário da Ordem dos Advogados, «nós tivemos 23 decisões do Tribunal Constitucional a declararem inconstitucionais todas as medidas que foram adoptadas pelo Governo durante a pandemia [...]. Agora parece que vai surgir, até com o apoio do Presidente da República, uma revisão constitucional para dizer ou tornar constitucional tudo o que se passou.» Cf. «Bastonário dos Advogados Diz que Revisão Constitucional Suprime Direitos», *Observador*, 10 de Novembro de 2022. Disponível em: https://observador.pt/2022/11/10/bastonario-dos-advogados-diz-que-revisao-constitucional-suprime-direitos/ (2022/1111).

Como é sabido, na definição dessas medidas, as autoridades contaram com o parecer dos especialistas, dizendo «seguir a *ciência*». Isso suscita a questão do lugar e do papel da *ciência* ou, mais precisamente, dos *peritos*, nas tomadas de decisão política. No caso vertente, o processo não foi muito convincente: segundo parece, não temos ainda muitas certezas nem sobre a origem do vírus, nem sobre a (in)verosimilhança dos resultados dos modelos epidemiológicos então utilizados, nem sobre as reais formas de contágio, nem sobre os méritos relativos das tácticas alternativas de combate à pandemia («supressão» ou «mitigação»), nem sobre a eficácia das respectivas medidas (*lockdown*, máscaras, testes, rastreio, segmentação, vacinação...), nem sobre a possibilidade e modalidades de acesso à imunidade, nem mesmo sobre os números (quer de infectados — porque houve «falsos positivos» e também «falsos negativos» — quer de falecidos, por deficiente atribuição de causa de morte), etc. Houve uma «narrativa dominante», conduzida pela OMS (e, em Portugal, pela DGS) — veiculada pelo «discurso do medo», que magnificou o pânico pré-existente — pontuada recorrentemente por trapalhadas e contradições. Além disso, houve insinuações de enviesamento ideológico da OMS e do seu famigerado director-geral. Acresce que a recepção da *ciência* pelos *media* — sempre sedentos de sangue (e, neste caso, com um acriticismo e subserviência surpreendentes)[34] — é problemática, e dificilmente escapa ao simplismo e alarmismo. A certa altura, parecia que as vítimas da Covid-19 eram mais importantes e lamentáveis que as de todas as outras causas de óbito, muito mais numerosas (sabendo, além disso, que a queda acentuada no acesso aos cuidados de saúde, desde então — não tanto por incapacidade do sistema, como por efeito do medo intencionalmente provocado e das regras de distanciamento — conduziu a

[34] O mesmo se pode dizer aquando do surto de «excesso de mortalidade não Covid», na Primavera e Verão de 2022: «At the peak of the lockdowns, thousands were dying every week. Newspaper front pages demanded action. But in the latest week's data, covering the week to 12 August, some 1,082 more people than would be expected in a normal year died in the UK. These so-called "excess deaths" have averaged 1,000 for 15 weeks of this year. Yet unlike Covid deaths, they are met with near silence.» Cf. Michael Simmons, «We're at Pandemic Levels of Death. Why Is no One Talking about It?», *The Spectator*, 23 de Agosto de 2022. Disponível em: https://www.spectator.co.uk/article/we-re-at-pandemic-levels-of-death-why-is-no-one-talking-about-it- (2022/08/24).

perdas de vidas)[35]. Lembramo-nos da celebrada e demagógica primeira página de *The New York Times* — «An incalculable loss» — como se só os falecidos por causa do coronavírus contassem (e se contassem). Lembramo-nos, depois, das sucessivas vagas, variantes ou estirpes, e da saga da vacinação: confusão e desilusão sobre a sua eficácia — quer quanto à protecção dos vacinados posteriormente infectados, quer sobretudo quanto à sua capacidade de impedir o contágio de terceiros, contrariando os prognósticos iniciais —, sobre o número de doses conveniente (sempre maior), sobre a abrangência (sempre progressiva) de jovens e crianças, etc. De tal modo é assim, que as autoridades e as pessoas vacinadas actuaram — mandaram ou obedeceram, respectivamente — como se a vacina afinal não servisse para nada...

Dir-se-á que ainda é cedo para tirar conclusões — o que é sensato —, que não sabemos se de qualquer outro modo as coisas não teriam sido piores (como foram nas grandes pragas do passado), e que devemos estar gratos às autoridades por isso (o que é razoável, em parte, mas não as exime de escrutínio, prestação de contas e crítica). Num contexto de incerteza, a estratégia terá sido a de minimizar os estragos directos potenciais da pandemia, descurando os seus enormes danos colaterais, também em vidas e saúde.[36]

---

[35] Esse excesso de mortalidade pode ter acontecido pela redução do acesso às Urgências, por alta hospitalar precoce, por acesso reduzido aos serviços de cuidados primários, por atrasos em cirurgias electivas, pelos efeitos da recessão, pelas privações resultantes do menor crescimento económico no longo prazo, etc. Cf. Ross Clark, «What's to Blame for the Surge in Excess Deaths?», *The Spectator*, 19 de Agosto de 2022. Disponível em: https://www.spectator.co.uk/article/what-s-to-blame-for-the-surge-in-excess-deaths- (2022/08/24).

[36] Sobre este assunto, vale a pena ver Yuval Levin, «Science and the Left. On the Past and Future of the "Party of Science"», *The New Atlantis*, Inverno de 2008, disponível em: https://www.thenewatlantis.com/publications/science-and-the-left (2021/12/21); bem como Emma Green, «The Liberals Who Can't Quit Lockdown», *The Atlantic*, 4 de Maio de 2021, disponível em: https://www.theatlantic.com/politics/archive/2021/05/liberals-covid-19–science-denial-lockdown/618780/ (2021/12/21).

«Thou shalt not sit/ With statisticians nor commit/ A social science»[37]

Contudo, o que gostaria de sublinhar agora é que não é prudente confiar a última palavra das decisões políticas aos peritos (mesmo descontando os riscos de sesgo ideológico e *hybris* corporativa a que eles são permeáveis, como quaisquer outras pessoas). Desde logo, por razões epistemológicas: em matérias complicadas, para além das coisas que os peritos sabem (e sabem que sabem), há não só aquelas que eles sabem que não sabem (o «desconhecido conhecido»), como também aquelas que eles não sabem que não sabem (o «desconhecido desconhecido»). Os peritos já se enganaram muitas vezes.[38] E também mudam de parecer e ajustam os seus modelos, por vezes radicalmente, de mês para mês.[39] Entre os exemplos históricos clássicos de erros crassos deste tipo de *ciência*, conta-se *The Population Bomb* do biólogo de Stanford Paul Ehrlich (uma espécie de bisavô espiritual de Greta Thunberg), que, em 1968, sentenciou logo a abrir que: «the battle to feed all of humanity is over [...] in the 1970s, the world will undergo famines — hundreds of millions of people will starve to death [...]»[40]. Ora, como sabemos, se há ainda hoje pessoas que morrem de fome, não é absolutamente por falta de alimentos. Por outro lado, os especialistas — por virtude da sua própria especialização — habitam no interior de silos de conhecimento (como a medicina, a bioquímica, a epidemiologia ou a economia...), e não cultivam a visão do todo. Além disso, em muitas áreas de conhecimento, as respectivas «comunidades científicas» tendem a uma certa uniformidade e *ortodoxia*, que exproba e estigmatiza o dissenso científico como *fake science* (como agora também aconteceu) e, consequentemente, desfavorece a

---

[37] W.H. Auden, *Under Which Lyre*, 1946.

[38] «Besides, there are enough catastrophic blunders on the record of the mandarins to suggest that, however brilliant they may be, it is not wise to leave them in control of the levers unattended by checks and balances, not least those provided by public opinion.» Cf. Ferdinand Mount, «The Guidance of Brains. How Much Is too Much Meritocracy?», *TLS-Times Literary Supplement*, 30 de Julho de 2021, p. 7.

[39] Cf. James Hankins, «Sweet Land of Tyranny», *op. cit.*

[40] Cf. Paul R Ehrlich, *The Population Bomb*, Ballantine Books, 1968, p. xi. Para uma visão geral sobre o assunto, ver Dan Gardner, *Future Babble: Why Expert Predictions Fail — And Why We Believe Them Anyway*, Toronto: McClelland and Stewart, 2010.

multiplicidade e flexibilidade de perspectivas que são sempre necessárias, e agora mais do que em termos normais.[41] No nosso caso, aliás, a interacção entre políticos e peritos parece ter sido particularmente viciosa: «como os governos precisam que as pessoas aceitem e obedeçam às suas políticas, e como as suas políticas numa crise sanitária se apresentam como baseadas na autoridade da *ciência*, os governos [foram] constantemente tentados a ignorar quaisquer cientistas que [questionassem] os seus decretos. E [fizeram] vista grossa aos esforços da Google e Facebook, quando estas conspiraram na criação de um informal Ministério da Verdade, silenciando as *heresias* científicas.»[42]

Ora, os problemas de governo exigem, fundamentalmente, não uma abordagem *científica* ou *pericial*, mas uma aproximação *prudencial*, também chamada justamente *política*. Isaiah Berlin descreveu eloquentemente a habilidade política requerida pelo serviço ao bem comum, no seu momento cognitivo. A acção política deve estar baseada num certo «sentido da realidade»: fundado na experiência, na percepção das razões alheias, na sensibilidade ao contexto e no juízo pessoal sobre o que é verdadeiro ou não, significativo ou trivial, variável ou constante, efectivo ou inútil. Exige a capacidade de integrar «uma vasta amálgama de dados, multicolor e evanescente, em constante mudança e permanente sobreposição», [um] «contacto directo e quase físico com a informação relevante», [e] «um agudo sentido daquilo que joga com o quê, daquilo que procede do quê, daquilo que conduz ao quê [...], daquilo que é o resultado provável — numa situação concreta — da interacção entre os seres humanos e as forças impessoais»[43]. Para isto

---

[41] Ver Ben Peterson, «Experts, Politicians, and the Public: The Science and Art of Collective Decision-Making in a Free Society», *The Public discourse*, 20 de Abril de 2020. Disponível em: https://www.thepublicdiscourse.com/2020/04/62503/ (2020/07/19); Roger Koppl, «Pandemics and the Problem of Expert Failure», *The Library of Economics and Liberty*, 30 de Março de 2020. Disponível em: https://www.econlib.org/pandemics-and-the-problem-of-expert-failure/ (2020/07/19); e Russell L. Blaylock, «Covid Update: What Is the Truth?», *Surgical Neurology International*, 22 de Abril de 2022. Disponível em: https://surgicalneurologyint.com/surgicalint-articles/covid-update-what-is-the-truth/ (2022/07/07).

[42] Cf. James Hankins, «Sweet Land of Tyranny», *op. cit.* Itálico do autor.

[43] Cf. Isaiah Berlin, *The Sense of Reality: Studies in Ideas and their History*, Henry Hardy (ed.), Londres: Chatto and Windus, 1996, pp. 45–46.

é preciso uma certa *vocação* (no sentido de Max Weber) muito distinta da vocação e competências científicas. Como disse alguém, «experts ought to be on tap and not on top».

Em suma, a política trata fundamentalmente do equilíbrio entre bens, valores, direitos e interesses concorrentes. Implica escolhas políticas, sendo que importa politicamente tanto o objecto como o processo dessas escolhas, bem como a atenção à opinião pública. A ciência e os peritos podem esclarecer essas escolhas — informando, analisando, explicando, aconselhando — e contribuir para a sua concretização, mas não podem substituí-las, sob qualquer forma de tecnocracia ou epistocracia. Aliás, não apenas por razões epistemológicas, como vimos, mas também por óbvias razões de representação, escrutínio, responsabilidade e legitimidade política.[44]

«Toda a gente pensa em mudar o mundo, mas ninguém pensa em mudar-se a si mesmo»

Entretanto, e depois, a literatura sobre as crises pandémicas ficou de moda.[45] Destacam-se Boccaccio, que — na abertura do *Decameron* (1353), em cima do acontecimento — descreveu os efeitos brutais da Peste Negra em Florença, de que foi testemunha ocular[46]; Daniel Defoe, em *A Journal of the Plague Year* (1722), que ofereceu uma vívida narrativa da Grande Peste de Londres (1665); Manzoni, em vários capítulos de *I Promessi Sposi* (1827), sobre a praga que assolou Milão dois séculos antes; ou Camus, em *La Peste* (1947), que conta a história de uma epidemia imaginária em Oran (mas inspirada em pestes históricas anteriores, na mesma cidade argelina)... Nessas páginas, existe quase

---

[44] Ver Pedro Rosa Ferro, *Política, Ciência e Consciência*, Coimbra: Almedina, 2020, pp.78–80 e 97.

[45] Ver Jon Day, «Chronicles of a Plague», *FT Weekend*, 21/22 de Março de 2020, p. 7.

[46] Apesar dos seus méritos literários, *Decameron* descai frequentemente num amoralismo e frivolidade escusados, de que o próprio Boccaccio se terá arrependido. Cf. Joan Acocella, «Renaissance Man. A New Translation of Boccaccio's Decameron», *The New Yorker*, 4 de Novembro de 2013. Disponível em: https://www.newyorker.com/magazine/2013/11/11/renaissance-man-4 (2020/07/14).

tudo aquilo a que assistimos nos primeiros tempos da pandemia: um ambiente social surreal, se não mesmo apocalíptico; os rumores iniciais e as teorias da conspiração; o pânico e o pandemónio; o isolamento social e o abandono dos mais fracos e anciãos, a ruptura dos laços sociais e familiares; o escapismo e a alienação; a desconfiança e o medo do outro (do estranho, do estrangeiro...); a solidão, o tédio, a demanda do paciente zero; a proibição dos funerais, as igrejas fechadas ou vazias por medo do contágio, a emergência sanitária e as listas de mortes; o imperscrutável «silêncio de Deus»[47]... (com duas importantes diferenças: a escala da letalidade — muito menor no nosso caso, até ver — e a paranoia e mediatização doentia, que só podiam acontecer no nosso tempo). A história também revela que as nossas políticas de combate à pandemia, em 2020–2022, não foram muito diferentes (excepto no alcance dos nossos «confinamentos», que não tiveram precedentes) daquelas que foram prosseguidas frente aos surtos patogénicos do passado, do século XIV para cá: controlos fronteiriços, «distanciamento social», proibição de ajuntamentos, quarentenas (nome que entrou na gíria quando as autoridades marselhesas prolongaram o período de isolamento prudencial obrigatório de trinta para quarenta dias, na altura das Peste Negra), *lazaretti*, certificados sanitários, imposição de uso de máscaras (aquando da «gripe espanhola»)...[48] E então, tal como agora, a calamidade trouxe à superfície quer o pior, quer o melhor das pessoas envolvidas. Baseado no exemplo destes últimos, Camus escreve algures em *La Peste* que «il y a dans les hommes plus de choses à admirer que de choses à mépriser». Talvez. Em qualquer caso, e para terminar, gostaria de recuperar a ideia de que esta praga, apesar de todo o mal que acarretou (que foi muito), tem «a virtude de nos convidar a fazer face às questões essenciais», como diziam os signatários do «apelo» do *Le Monde*, acima referido, ainda que num sentido muito diferente, e até oposto: não tanto ao nível institucional

---

[47] Sobre o problema recorrente deste «silêncio» e da audibilidade da voz de Deus perante o sofrimento humano inocente (indissociáveis dos mistérios do pecado e da redenção), com referência a *La Peste* de Camus, ver Charles Moeller, *Literatura do Século XV* e *Cristianismo. 1 — O silêncio de Deus*, São Paulo: Flamboyant, 1958, pp. 7–99.

[48] Cf. Niall Ferguson, *Condenação*, *op. cit.*, pp. 16 e 190.

ou político, mas ao nível pessoal, como sugere a epígrafe desta secção, atribuída a Tolstói.

Assim, a experiência e a memória desta pandemia podem mesmo constituir uma sacudidela salutar e contribuir para recentrar as nossas vidas em torno do que é mais importante e significativo. Antes do mais, ela despertou, dolorosamente, a consciência da nossa fragilidade — a vulnerabilidade e indigência humanas — que tendemos a olvidar em tempos de prosperidade, iludidos por seguranças falazes. A dura realidade é que a ciência e o progresso não conseguem honrar o que afiançam: imunidade ao sofrimento, segurança e salvação. Podem minimizar os padecimentos humanos, suavizar a dureza da vida e adiar a razoavelmente morte — e devemos estar-lhes muito agradecidos. Mas isso é fraco consolo para os que, recorrentemente, veem as suas vidas truncadas «antes do tempo» e para aqueles que os amam. Não resolvem o «problema» da mortalidade dos que morrem, nem proporciona meios para morrer bem (a antiga *ars moriendi*, algo muito diferente, e até oposto, da eutanásia...), o que, até há umas dezenas de anos, estava associado a viver bem. A este respeito, a modernidade secular mantém-se silenciosa, porque — pelo caminho, absolutamente centrada no alívio das carências materiais — marginalizou as grandes questões da condição humana: porque estamos aqui na terra? Qual o sentido da minha vida? O acontece depois de morrer?[49] Como disse Max Weber, citando Tolstói, «a ciência [...] não dá resposta à nossa pergunta, a única pergunta importante para nós: "O que devemos fazer e como devemos viver?"»[50]. A ciência e o progresso — sobretudo quando animados pela auto-suficiência e soberba fáustica ínsitas no «projecto moderno», e instalados no trono supostamente vacante de Deus como únicos gestores legítimos da ordem social[51] — não conse-

[49] Ver L. S. Dugdale, «The Cure for What Ails Us», *First Things*, 20 de Março de 2020. Disponível em: https://www.firstthings.com/web-exclusives/2020/03/the-cure-for-what-ails-us (2021/12/28).

[50] Cf. Weber, «Science as a Vocation», in *Max Weber: Essays in Sociology*, H.H. Gerth e C. Wright Mills (eds.), Nova Iorque: Routledge, 1948, pp. 129–156. O problema de Weber era supor que a razão não poderia ajudar, de maneira nenhuma, na resposta a essa pergunta...

[51] Ver Václav Havel, *Politics and Conscience* (discurso aquando da recepção do doutoramento *Honoris Causa* pela Universidade de Toulouse Le Mirail), 1984.

guem fornecer razões, nem sentido, para enfrentar e suportar essas adversidades, quando são inelutáveis (como serão, mais cedo ou mais tarde). Paradoxalmente, a miragem dessa falsa promessa intensifica a pena sentida pelas perdas que permanecem e sempre subsistirão[52], e para as quais a visão moderna do mundo não oferece (nem pode oferecer) resposta ou conforto genuíno. A meu ver, só a fé num Deus bom e verdadeiro — em Cujas mão estamos sempre — o pode fazer, sem alienação.[53]

Por outro lado, o surto do coronavírus agudizou e tornou palpável a percepção realista de quanto precisamos dos outros e de quanto eles precisam de nós, de que somos uma comunidade de pessoas interdependentes, e não uma coincidência de indivíduos independentes[54], de como é importante a intercomunicação de serviços, o abraço e o «roçar humano»[55] — que nenhum *Zoom* ou *Microsoft Teams* podem compensar (embora seja justo reconhecer que é difícil imaginar como teríamos sobrevivido sem eles, ou equivalentes) —, de como são valiosas e honoráveis as funções ditas mais humildes — o trabalho doméstico, a recolha do lixo, o cultivo da terra e a recolecção dos seus frutos, o serviço de estafeta... — e as pessoas comuns que as desempenham. Aliás, «as interdependências entre nós revelaram que os "trabalhadores essenciais" — sem os quais as nossas sociedades não poderiam funcionar — são em grande parte os mais mal pagos. Poderíamos sobreviver sem banqueiros e advogados, mas não sem merceeiros, enfermeiras e agentes de segurança.»[56] Por fim, o modo como — de um dia para o outro — preocupações, prioridades, compromissos e tarefas ingentes

---

Disponível em: http://www.vaclavhavel.cz/showtrans.php?cat=clanky&val=73_aj_clanky.html&typ=HTML.

[52] Ver Nathan Schlueter, «Leisure in a Time of Coronavirus», *The Public Discourse*, 18 de Março de 2020. Disponível em: https://www.thepublicdiscourse.com/2020/03/61513/ (2021/12/28).

[53] Ver Pedro Rosa Ferro, «Quatro Ideias para Além do Coronavírus», *op. cit.*

[54] Ver Mark Carney, «The World after Covid-19. Mark Carney on How the Economy Must Yield to Human Values», *The Economist*, 16 de Abril de 2020, p. 51.

[55] Ver *The Economist*, «You've Lost that Lovin' Feeling», 20 de Fevereiro de 2021, pp. 45–46.

[56] Cf. Minouche Shafik, *What We Owe Each Other. A New Social Contract for a Better Society*, Princeton e Oxford: Princeton University Press, 2021, p. xii.

e urgentes se apagaram da nossa agenda pode sugerir que há valores que podemos reordenar na nossa vida para que ela seja mais plena e serena; que havia nela coisas a mais e coisas a menos; que a algumas concedemos demasiado relevo, reconhecendo agora que não valiam tanto a pena ou eram mesmo nocivas; e, inversamente, que devemos reforçar o investimento diligente nos bens mais preciosos: a família, a amizade e o serviço aos outros, o trabalho (seja ele qual for), a sabedoria e a liberdade, a alegria e gratidão pelos dons da criação, dádivas a que só damos verdadeiro valor quando nos vemos privados delas.[57]

Entretanto, devemos procurar tirar proveito do que aprendemos com a Covid-19 de modo que a «nova normalidade» seja um pouco melhor do que a anterior (coisa que não está garantida). Tucídides também contou — admiravelmente, aliás, embora com uma crueza arrepiante — o episódio da peste de Atenas (430–427 a.C.), em que ele próprio foi atingido (e que não se pode comparar com a nossa): «a morte campeando na cidade, a devastação no seu exterior», e a desmoralização subsequente. Aí, «de nada serviram os físicos, ignorantes que eram da maneira de tratar da doença»[58]. Péricles morreu também nessa altura, vítima da praga. Mas, segundo Tucídides, não foi talvez por causa dela que os atenienses, muitos anos depois, perderam finalmente a guerra do Peloponeso...

---

[57] Ver Pedro Rosa Ferro, «Quatro Ideias para Além do Coronavírus», *op. cit.*

[58] Cf. Tucídides, *História da Guerra do Peloponeso*, Lisboa: Edições Sílabo, 2019, pp. 199–203

«POLÍTICA DA VIRTUDE» E VIRTUDE POLÍTICA[*]

São os homens que fazem a cidade e não as muralhas ou os navios.

Tucídides (*História da Guerra do Peloponeso.* Discurso de Nícias aos atenienses, em Siracusa)

A partir da madeira torta da humanidade, nenhuma coisa recta pode ser feita.

Immanuel Kant (*Ideia de Uma História Universal de Um Ponto de Vista Cosmopolita*)

No Palazzo Pubblico de Siena, no chamado Salão dos Nove, encontra-se a famosa série de frescos pintados por Ambrogio Lorenzetti, por volta de 1338, conhecidos no seu conjunto como *Le Allegorie del Buono e Cattivo Governo e dei loro Effetti*. Nessa obra, para além dos seus méritos artísticos, pode identificar-se uma clara intenção didáctica sobre como deveria ser um bom governo, naquele momento: estamos no primeiro Renascimento, período de intensa e frustrante turbulência política na península transalpina. Tem-se discutido qual a exacta teoria política e qual o ideal político e social subjacente à representação de Lorenzetti; e se ela denuncia uma continuidade com a tradição medieval

[*] Versão revista e desenvolvida do Working Paper 3/2021, com o mesmo título, do *CIEP — Centro de Investigação do Instituto de Estudos Políticos* da Universidade Católica Portuguesa.

aristotélico-tomista do bom governo, ou se expressa e anuncia um pensamento político diferente, um pré-humanismo renascentista distintamente italiano.[1] Neste contexto, o objecto deste ensaio é uma reflexão sobre o «governo virtuoso», a partir do livro *Virtue Politics: Soulcraft and Statecraft in Renaissance Italy*, da autoria de James Hankins, professor de História na Harvard University, e reputado como sendo um dos maiores especialistas contemporâneos no pensamento político da renascença italiana. Em *Virtue Politics*, Hankins atreve-se a descrever, «pela primeira vez, um novo tipo de educação política, e mesmo um novo tipo de pensamento sobre as questões políticas, inventado e promovido pelos humanistas italianos, no século e meio que vai de Petrarca a Maquiavel»[2].

Hankins conhece os riscos que corre quem ousa pretensões de originalidade num campo tão investigado como o Renascimento (e mesmo em qualquer campo). Contudo, não recusa essa pretensão, com base na sua convicção de que a literatura política humanista foi até agora negligenciada, distorcida, desvalorizada ou incompreendida, por várias razões: por um lado, por imperfeição do ponto de vista e deformação das abordagens dos historiadores modernos do pensamento político (que tornariam inapreensíveis para nós o alcance político do culto da eloquência e do zelo reformista dos humanistas), bem como pelo estreitamento do seu foco, centrado unilateralmente na relação entre o «humanismo cívico» e a «tradição republicana», combinada, por vezes, com um entendimento anacrónico (como em Baron, Pocock e Skinner) dos conceitos de «liberdade» e de «república» próprios dos

---

[1] Quentin Skinner (em *Visions of Politics*, Vol. 2, *Renaissance Virtues*, Cambridge: Cambridge University Press, 2004, caps. 4 e 5) analisa com profundidade, erudição e minúcia — e em discordância com a interpretação convencional – as várias cenas da *Alegoria* de Lorenzetti, bem como a sua mensagem ideológica e política. Como veremos, James Hankins — autor em que nos centramos neste ensaio — diverge de Skinner em pontos fundamentais sobre o pensamento político do Renascimento italiano. Para uma interpretação dessa *Alegoria* em termos completamente distintos, ver Niall Ferguson, *The Square and the Tower: Networks and Power, from the Freemasons to Facebook*, Penguin Random House, 2018, pp. 425–431.

[2] Cf. James Hankins, *Virtue Politics: Soulcraft and Statecraft in Renaissance Italy*, Harvard University Press, 2019, p. xi.

humanistas renascentistas.[3] Por outro lado, essa distorção dever-se-ia também a generalizações abusivas resultantes do recurso a uns poucos textos mais facilmente acessíveis, deixando de lado numerosas fontes relativamente inexploradas (de Petrarca, Leonardo Bruni, Biondo Flavio ou Francesco Patrizi de Siena, por exemplo) que terão permanecido até agora quase inalcançáveis: por questões de (má) tradução

[3] Segundo Hankins, a ideia de uma «tradição republicana» como precursora dos regimes modernos e pré-história da democracia liberal constitui um anacronismo assente em duas hipóteses falsas: a de que essa tradição podia ser identificada com a ideia de governo popular e com a liberdade liberal, em exclusivo; e a de que essa tradição retirava recursos ideológicos fornecidos pelos pensadores republicanos antigos, como Cícero. Na verdade, para os humanistas italianos do Renascimento, a *respublica* não era a república novecentista moderna (no sentido de regime não monárquico), de legitimidade proveniente do consentimento expresso. Para eles, como no latim clássico e medieval, *respublica* significava «Constituição» no seu sentido genérico (não no sentido específico do regime benigno dos muitos, nem no outro sentido neutral aristotélico), com uma conotação moral positiva: regime legítimo, não despótico, livre, servidor do bem comum, sob a lei. O seu oposto léxico era tirania ou facciosismo, e não monarquia ou aristocracia. Correspondia a uma concepção não «exclusivista»: não vinculada a um único tipo particular de regime, como a república moderna. O projecto de reviver o governo republicano e a vida política idealizada dos antigos era levado a sério quer pelos príncipes renascentistas, quer por magistrados de oligarquias; e o humanismo cívico podia encontrar-se quer aí quer nas chancelarias e cortes de príncipes. Por outro lado, a experiência de viver sob *signorias*, principados ou repúblicas oligárquicas era muito semelhante: todas restringiam liberdades cívicas (ao mesmo tempo que as prometiam preservar), alimentavam sistemas de clientelismo e espionagem, cortejavam o favor do povo, prezavam a aparência de legitimidade formal e contratavam mercenários...

Contudo, a partir de Leonardo Bruni, o termo *respublica* adquiriu um novo sentido como governo não-monárquico ou como virtuoso regime poliárquico. No tempo de Maquiavel, essa noção — e a distinção entre repúblicas e principados — estava completamente assumida no léxico humanista. Em qualquer caso, como veremos a seguir, o projecto de reforma humanista era dirigido às elites políticas, *supra partes*, fossem quais fossem os regimes em causa.

Além disso, Hankins considera que a ideia de um mundo feudal supostamente extramundano, agrícola, contemplativo, alienado da vida política pela expectativa da vida eterna, saturado de misoginia e cavalheirismo errante, de pobreza monástica e teologia franciscana, seria uma caricatura já não sustentável à luz das investigações da segunda metade do século XX: os valores do humanismo cívico seriam herdeiros legítimos das comunas populares do século XIII, e não desenterrados da antiguidade pelos humanistas de *quattrocento*. Cf. Hankins, pp. 73, 91, 94, 95 e 296.

(do latim); por serem fontes menos formais (cartas, comentários, prefácios, discursos, textos de literatura poética, satírica, de comédia ou tragédia); ou por corresponderem a fontes não impressas (apenas disponíveis em manuscrito). A excepção a esta negligência genérica seria, naturalmente, Maquiavel, precisamente aquele que Hankins considera ser um exemplar atípico (e hostil) do pensamento político renascentista italiano.

O projecto que Hankins acomete, com enorme erudição, é a apresentação e interpretação inovadora do humanismo italiano[4] como um movimento de reforma política e moral — movimento espoletado por uma crise de legitimidade governativa no *trecento*, e por um desgosto com a elite política e religiosa do tempo — assente na convicção de que as Cidades precisavam de ser governadas por pessoas de carácter, prudentes e piedosas, ilustradas pelos estudos da literatura clássica e da filosofia moral cristã, pela inspiração dos grandes feitos e ideias da antiguidade clássica, e pela investigação dos respectivos modelos históricos, dos quais se deveria retirar preceito e exemplo. Com efeito, os humanistas italianos tinham uma ideia precisa de como deveria ser uma comunidade política bem ordenada. Essa ideia era ao mesmo tempo idealizada e concreta: era simplesmente a *respublica romana* do período clássico (embora, no século xv, outros modelos tenham sido evocados: Atenas, Esparta — nomeadamente, a de Agelilaus II, a partir de Xenofonte e Plutarco — e Pérsia — a de Ciro II, partindo também de Xenofonte —, todos eles mitificados, mais ou menos). De Petrarca (1304-1374) a Maquiavel (1469-1527), o humanismo político renascentista pode ser visto como um longo e animado seminário sobre a questão — quase obsessiva — da possibilidade de imitar a Roma antiga: sobre aquilo que a fez grande e dominar o mundo; e sobre se seria possível reproduzir e reviver as virtudes da *respublica romana* no seu tempo. Por que razão é que a Grécia falhou e Roma conseguiu? E poderia Florença emular essa grandeza? Aliás, essa questão inscreve-se numa tradição do pensamento político

[4] O adjectivo «humanista» tinha na sua origem uma denotação mais estrita que a actual: referia-se às pessoas dedicadas aos *studia humanitatis*: *literati*, *oratores*, *studiosi* ou *eruditi*. Cf. Hankins, *op. cit.*, p. xx.

republicano ocidental — de Ptolomeu de Luca a Maquiavel, e de James Harrington e Montesquieu aos Federalistas — que, inspeccionando os sucessos e fracassos dos antigos romanos, quiseram descobrir o seu «segredo» e encontrar nele um modelo normativo para as instituições públicas contemporâneas.[5]

A este respeito, os humanistas italianos discrepavam sobre muitos aspectos. Quer sobre o arco temporal digno de reverência, como legítimo e amigo das liberdades: para uns, apenas a «república» ou «o período consular», até ao advento dos Césares; para outros, também o principado, incluindo Júlio e Augusto; para outros ainda, incluindo também os «bons imperadores» (como depois serão denominados, a partir dos *Discorsi* de Maquiavel) da dinastia nerva-antonina; para outros, excluindo somente o «absolutismo» inaugurado formalmente pela *Lex de imperio Vespasiani* em 69 d.C., etc. Quer sobre os factores daquela grandeza: ora as supostas qualidades dos romanos (integridade, moderação, frugalidade, clemência, tenacidade, *ethos* de serviço público, patriotismo, decoro...), ora o seu desejo de glória, ora os seus costumes, Direito e instituições, ora o seu regime misto, ora a capacidade de inclusão, o seu sentido do sagrado, o seu formidável exército, etc.[6] Neste sentido, ecoavam e interpretavam de modo plural os relatos de Políbio, Lívio, Cícero, Tácito ou Suetónio, compondo as suas próprias «narrativas» (no sentido de leituras do passado visando influenciar a actuação presente dos seus governantes). Em qualquer caso, partilhavam, em geral, uma perspectiva positiva sobre a república romana (em sentido lato)[7] — ao arrepio da visão agostiniana e de parte da historiografia cristã (que deplorava a *hybris* e desejo de domínio do império romano, o seu hedonismo e corrupção, e a sua

---

[5] Cf. Hankins, *op. cit.*, p. 291.

[6] Cf. Hankins, *op. cit.*, pp. 65, 70, 186 e 290 ss.

[7] Essa perspectiva era generosamente idealizada, como já referido. Num dos seus últimos livros, o historiador Tom Holland registou que «the more years I spent immersed in the study of classical antiquity, so the more alien I increasingly found it [...]. It was not just the extremes of callousness that unsettled me, but the complete lack of any sense that the poor or the weak might have the slightest intrinsic value.» Cf. Tom Holland, *Dominion: How the Christian Revolution Remade the World*, Basic Books, 2019, p. 16.

idolatria, felonia, violência e crueldade) —, bem como a convicção de que a restauração da antiga ordem dependeria de uma prévia ordenação moral das almas dos governantes: começaria por dentro, no seu coração.[8]

Legitimidade moral

O ponto de partida do projecto reformista do humanismo italiano renascentista era a sensação de decadência e colapso moral, de venalidade, ganância e depravação, de ignorância e impiedade, bem como de discórdia, guerra, praga e tirania, nas sociedades europeias — e mormente nas cidades italianas — do século XIV: a constatação de uma crise civilizacional de enorme magnitude, tal como Petrarca — o fundador do humanismo renascentista, segundo Hankins — relata em *De Vita Solitaria*, *Rerum familiarium libri* ou *Rerum senilium libri*. Para Petrarca, a razão principal deste declínio e desgraça residia na degradação moral acarretada pelo barbarismo (em sentido histórico) — o esquecimento da grandeza (clássica romana) de outrora, a perda das virtudes cívicas e da verdadeira piedade (cristã), e a perversão da linguagem e da educação — que teria precipitado a «idade das trevas», o *saeculum obscurum*. Contudo, para corrigir e superar este ambiente, Petrarca não reclamava uma alteração radical da ordem legal e política. Não valeria a pena recorrer à lei, em geral (porque não havia homens bons, capazes de a fazer aplicar com justiça), nem às autoridades ou instituições culturais e intelectuais do seu tempo (também elas corrompidas ou moralmente vazias). Também não haveria muito a esperar da hierarquia da Igreja ou do Império (na sua triste situação de então). E, do ponto de vista conceptual,

---

[8] Para uma análise do pensamento político do Renascimento português (em Jerónimo Osório, Frei Amador de Arrais, Pedro Barbosa Homem, Sebastião César de Meneses..., quase todos posteriores a Maquiavel), onde se tratam temas adjacentes aos de Hankins, ver Martim de Albuquerque, *O Poder Político no Renascimento Português*, Lisboa: Babel, 2012, pp. 61 ss., 129 ss., 159 ss. e 176. A visão sobre o poder político daqueles autores é concordante com a dos italianos no que toca à proeminência da virtude, mas é mais «exclusivista» (no sentido de claramente favorável à monarquia, vista como o melhor regime), mais patriarcal e legalista, mais vinculada às tradições medievais aristotélicas escolásticas dos «espelhos dos príncipes», e muito marcada pelo anti-maquiavelismo.

tampouco seria muito útil o simples regresso a Aristóteles: «qual a bondade de conhecer o que é a virtude, se esse conhecimento não nos levar a amá-la?»[9], pergunta Petrarca, famosamente, censurando a frieza metafísica e a incompetência do Estagirita para tocar o coração e mover a vontade humana.[10] Para infundir carácter, vigor e virtude na sociedade, seria preciso algo diferente: recompor a matéria-prima da sociedade, a própria natureza humana. E, para tal, requerer-se-ia um movimento, uma espécie de vanguarda cultural e moral, motivada e capacitada para transformar a mentalidade e costumes dominantes, sobretudo da elite política, capaz de produzir uma nova *paideia*: um projecto e sistema social pedagógicos, visando ressuscitar a antiga nobreza e a verdadeira religião.[11] Qualquer princípio de reforma política deveria começar pelo melhoramento moral do príncipe, incluída a devoção virtuosa ao bem comum. Assim, a solução do problema político não residiria tanto na reforma dos governos, mas dos governantes, porque «são os homens, e não as muralhas, que fazem a cidade»[12], de acordo com o conhecido aforismo de Tucídides, pela voz de Nícias. A *soulcraft* seria uma precondição para o *statecraft*. Porque, antes de pretender governar bem os outros, seria preciso governar-se bem a si próprio: só aquele que fosse capaz de impor ordem na anarquia das suas paixões seria apto para — e digno de — governar.

Nestes termos, a premissa imprescindível de qualquer renascimento da antiga glória romana residiria no reavivamento da virtude. Não poderia haver governo justo sem governantes virtuosos e sábios. A verdadeira nobreza, proeminência e autoridade seriam de natureza moral e intelectual, e só daí deveria provir o poder. A virtude seria a verdadeira e natural fonte de direito político. Faria com que os governantes fossem amados mais do que temidos. Suscitaria uma obediência

---

[9] Cf. Francesco Petrarca, *Invectives*, (Ed. e trad. David March), Cambridge, MA: Harvard University Press, 2003, p. 317, citado por Hankins em *Virtue Politics*, p. 13.

[10] Hankins credita aos humanistas italianos o mérito de terem enriquecido e alargado a teoria política ocidental, «libertando-a» do vínculo único aos paradigmas aristotélicos escolásticos, com as aportações de pensadores como Heródoto, Tucídides, Xenofonte, Platão, Políbio e Plutarco — alguns dos quais eles próprios «descobriram» e traduziram —, integrando-os com as autoridades mais familiares, como Cícero, Lívio, Salústio e Tácito.

[11] Cf. Hankins, *op. cit.*, pp. 3–4

[12] Cf. Tucídides, *História da Guerra do Peloponeso*,VII, 77.

voluntária — sem necessidade de manipulação desonrosa ou coerção — e lealdade política. Mas não seria apenas um «ornamento» do estadista, ou um comportamento meramente «apropriado»: seria, sim, o fulcro da sua legitimidade. Por sua vez, o principal meio de aquisição da virtude e competência políticas seria o estudo das humanidades: literatura, arte, filosofia, história... A virtude poderia ser contagiada através da educação e da eloquência. Poderia também ser suportada e solidificada por boas leis e instituições, mas apenas subsidiariamente. O que realmente importaria é o que estivesse no espírito dos príncipes.[13] É a isto que Hankins chama «a política da virtude».

Sendo a virtude o critério fundamental de legitimidade e a nota distintiva da verdadeira nobreza, a legitimidade de berço, hereditária ou patrimonial, exclusivamente, não seriam razoáveis. Contra Aristóteles, os humanistas italianos presumiam que todos os homens possuíam uma igual capacidade para a virtude, desde que a entendessem, desejassem e procurassem. A virtude poderia ser aprendida. A verdadeira elite seria uma meritocracia moral aberta a todos, mesmo os de mais «baixa extracção», os *novi homines*. E se, para o Estagirita, o caminho para a virtude era o hábito (confortado pela razão e pelo favor da natureza, e facilitado pelo berço), para aqueles o caminho bastante seria o da «educação liberal», os *studia humanitatis*: as humanidades enobreceriam os governantes que as cultivassem. Depois essa excelência moral e sapiencial irradiaria naturalmente para o conjunto dos cidadãos, por força do exemplo e da facúndia. A gramática e a retórica, a história e a filosofia moral, na nobre e bela linguagem dos antigos poetas e oradores apetrechariam cidadãos e governantes com a eloquência e carácter moral necessários para a vida civil e para governar bem.

A questão do regime

A especificidade da «política da virtude» entende-se melhor por contraste quer com a questão central do pensamento político clássico ocidental — «qual o melhor regime e as melhores instituições políticas?» —, quer com o dispositivo constitucional, contratual e consensual

[13] Cf. Hankins, *op. cit.*, pp. 154 ss. e 325–326.

da ordem política moderna, associado à «regência da lei», a direitos garantidos, à repartição, limitação e equilíbrio de poderes, etc. Para os humanistas renascentistas italianos, tudo isso seria secundário relativamente à qualidade moral dos governantes. Como vimos, a pedra de toque e a principal fonte da legitimidade política, o único critério da verdadeira nobreza, — o direito a governar — seriam a virtude e sabedoria prática dos governantes, capazes de granjear confiança, obediência política e amor dos súbditos, mais do que as que poderiam ser geradas por leis e instituições conformes a princípios abstratos de justiça. E a legitimidade de *performance* tão-pouco seria satisfatória: ela poderia derivar apenas do desejo egocêntrico de conservar o poder; poderia ser apenas instrumental. Por outras palavras, a verdadeira legitimidade política resultaria definitivamente da boa vontade do governante, como indivíduo moral, do seu desejo de ser bom e de fazer o bem, com vista ao florescimento da comunidade.

Nestes termos, as fontes alternativas de legitimidade — teológica, filosófica ou legal: o direito divino, as Constituições, o direito hereditário, o consentimento popular, etc. — seriam inadequadas ou irrelevantes. Seriam insuficientes para gerar, por si próprias, o bom governo. Aliás, as leis não seriam efectivas para os poderosos: ou desnecessárias, porque eles seriam já virtuosos; ou inúteis, porque eles as rasgariam impunemente. Só resultariam para a plebe: os pobres, fracos e crédulos, os que são apanhadas na famosa teia de aranha de Anarchasis (que deixa escapar os grandes). E mesmo para os pequenos, o que funcionaria não seria tanto a ideia de Direito quanto o medo da punição. Para além disso, as leis feitas por legisladores vistos como corruptos não seriam respeitadas. Aliás, provavelmente, «corruptissima respublica plurimae leges» — quanto mais corrupto o Estado, maior o número de leis — de acordo com a máxima atribuída a Tácito. Do mesmo modo, o próprio regime político não seria demasiado relevante. Seja sob a forma do governo de um só (monarquia), de uns poucos (oligarquia), ou de muitos (governo popular), a questão do regime — contra as concepções políticas medieval e moderna — seria secundária e nunca absoluta.[14]

[14] Note-se que o critério aristotélico para distinguir os bons dos maus regimes é também um critério moral: seriam bons aqueles em que os governantes regessem em benefício de todas as partes da comunidade, e não de uma só; aqueles em que

A «política da virtude» seria compatível com diferentes tipos de regimes e Constituições, e estaria acima dos partidos ou facções da época (ou de qualquer época). No seu conjunto, os humanistas seriam agnósticos no que toca à influência das formas constitucionais no bom governo. Entre eles havia defensores da monarquia, da aristocracia e dos regimes populares, adoptando uma abordagem prudencial e circunstancial. A única coisa em que concordavam era na necessidade da virtude dos governantes: em qualquer caso, apenas os bons e sábios seriam dignos de governar. É certo que o inimigo professado dos humanistas renascentistas era a tirania, mas — como veremos adiante — tiranos podiam ser encontrados tanto em repúblicas como em principados, e a solução não estaria em mudar o regime mas em mudar as almas. O remédio contra a tirania não seria uma qualquer Constituição, nem sequer a resistência, mas o enquadramento do tirano por pessoas virtuosas. Enfim, a ideia do governo das leis e não dos homens seria condicional: dependeria das leis e dependeria dos homens. Só a virtude daria ao governante a capacidade de mudar os corações e de trazer ordem, paz e obediência voluntária, não por coerção, mas pelas artes da persuasão. A política deveria saltar do âmbito constitucional, legal ou institucional para o educativo e moral. Mais uma vez, a política seria primeiramente uma actividade de *soulcraft*.

Em suma, a «política da virtude» implicaria um «modo distinto de pensar sobre a política»[15], em termos gerais, com princípios e fins

---

os governantes visassem o bem comum, e não o seu interesse privado; e aqueles em que governassem sob a lei e não arbitrariamente. Contudo, a aparente polaridade entre os três regimes moralmente legítimos e os três ilegítimos é atenuada, pelo próprio Aristóteles, de vários modos. Primeiro, pela hierarquia dos seis regimes: a monarquia é teoricamente o melhor mas, na prática, o mais difícil; a tirania é o pior, mas o mais fácil; e a monarquia tende a degenerar em tirania (daí ser um regime de alto risco). Assim, em vez de procurar o ideal, seria mais prudente contentar-se com o menos bom dos bons regimes (a «república») ou o melhor dos maus regimes (a «democracia»). Em segundo lugar, essa polaridade é flexibilizada pela relevância das circunstâncias: algumas Constituições seriam mais apropriadas para alguns povos, lugares, climas, experiências históricas, etc. do que outras. Por fim, aquela polarização é também matizada pela doutrina dos regimes mistos, empiricamente mais frequentes e também mais estáveis, sendo que o mais viável em situações de virtude limitada seria uma mistura de oligarquia e «democracia». Cf. Hankins, *op. cit.*, pp. 73 ss.

[15] Cf. Hankins, *op. cit.*, p. 54.

diferentes, quer dos paradigmas precedentes quer dos posteriores. Assim, a liberdade de expressão, por exemplo, não seria um mero direito cercado de protecções legais, como para os modernos, mas sobretudo um exercício de prudência e de coragem — a de dizer a verdade ao poder, quando incómoda — resistindo à intimidação e à cupidez. A liberdade política não seria algo que pudesse ser simplesmente declarado, teria que ser merecida: seria um cometimento moral, fruto da virtude. A igualdade perante a lei e o direito de todos a participar nos assuntos públicos não seria apenas um estatuto legal ou um direito político, mas um dever: o hábito virtuoso de reconhecer os outros como iguais (e de os tratar como tal) e uma forma de maximizar a concórdia social, a virtude cívica e a responsabilidade pelo *bonum commune*. A autoridade política não decorreria apenas do poder formal, mas teria que ser conquistada pelo mérito. A justiça não consistiria em cumprir a lei, mas em tratar os outros justamente, com equidade. O facciosismo seria uma doença moral: o ódio e desumanização dos opositores. A tirania seria fundamentalmente um problema de carácter e não de violação grosseira das leis. O argumento favorável ao governo popular (quando surge) não é suportado por noções contratualistas, derivadas do consentimento popular, mas é, sim, baseado na prudência, justiça e humanidade, e numa visão orgânica do corpo político que reconhece a contribuição de todos para o bem-estar geral. E as razões para a bondade da monarquia (quando aparecem) remetem para a responsabilidade moral individual que o seu carácter vitalício e unitário suscitaria.[16]

De infelicitate principum

Embora fosse convicção generalizada entre o humanismo político italiano que a solução teórica do problema político residia na virtude dos seus governantes, nem todos comungavam do mesmo optimismo quanto à sua viabilidade prática. Encontramos algum «realismo» e ambiguidade em Petrarca, em Boccaccio — em *De casibus virorum illustrium* (1373), sobretudo — e, mais tarde, no genial Leon Battista Alberti — em *Momus* (cerca de 1450) e em *De Iciarchia* (1462). Mas

---

[16] Cf. Hankins, *op. cit.*, pp. 510–511.

foi Poggio Bracciolini — no diálogo *De infelicitate principum* (1434) — que apresentou uma visão claramente pessimista, muito antes de Lord Acton. A vida política seria incompatível com a virtude (e consequentemente com a felicidade[17]) e necessariamente destrutiva do carácter. A retenção do poder implicaria fatalmente a adopção de um comportamento imoral, porque nesta vida — na vida política — a virtude não é compensada e o vício não é punido. O poder político acarretaria demasiada turbulência e tentações, e acabaria por brutalizar o carácter: seria forçosamente violento, coercivo e, portanto, mau. Como diz Poggio Bracciolini, quando um homem bom acede ao poder, sob qualquer regime, é como um bom cavaleiro que tenta montar e domar um cavalo selvagem: mais tarde ou mais cedo ele vai parar ao chão...[18]

Poggio Bracciolini desenvolve também o chamado «problema do aconselhamento», problema que, no século seguinte, estaria no centro da trama d'*Il Cortegiano*, de Baldassare Castiglione, e do primeiro livro da *Utopia*, de Thomas More. Trata-se de saber se o príncipe — talvez

[17] O tema da «infelicidade do governante» foi engenhosamente tratado por Montaigne em *Les Essais*. A política seria uma vida de duras penas: exigiria ser cruel ou, pelo menos, sujar as mãos; implicaria ansiedade, dependência de terceiros, pesos esmagadores e riscos tremendos. Sobretudo, inviabilizaria os maiores bens humanos: os individuais — como a introspecção, o recolhimento «*chez soi*», a tranquilidade e integridade interiores; e os sociais — a amizade genuína e a conversação verdadeira. E tudo isso em nome de uma miragem inacessível, ilusória e ingénua: o poder, a fortuna e o sucesso não dariam o que prometem; a ambição política nunca atingiria o que ambiciona; e toda a glória seria vã. Enfim, o preço da vida política seria abdicar dos mais saborosos frutos da vida (cf. Michel Eyquem de Montaigne, *Les Essais* [1588], edição Villey-Saulnier, Paris: PUF, 2004, III.vii («De l'Incommodité de la Grandeur»), pp. 916–920). Mas Hiero — por maioria de razão, enquanto «tirano» — já se queixava do mesmo, embora em termos mais primários e materialistas (e talvez com alguma insinceridade ou exagero retórico), cf. Xenofonte, «Hiero or Tyrannicus», in Leo Strauss, *On Tyranny*, Victor Gourevitch e Michael S. Roth (eds.), edição revista e aumentada, incluindo a correspondência Strauss-Kojève, The University of Chicago Press, 2000, pp. 3–15. Ver também a discussão de Strauss sobre qual o melhor modo de vida — o do governante, ou o do cidadão privado, ou o do homem sábio — segundo Xenofonte, em *On Tyranny*, pp. 77 ss. Ver Pedro Rosa Ferro, *Virtude Política. Uma Análise das Qualidades e Talentos dos Governantes*, Lisboa: Almedina, 2017, pp. 364–365.

[18] Cf. Hankins, *op. cit.*, p. 135.

ignorante, imprudente, preguiçoso e auto-indulgente — é permeável aos bons conselhos; ou se não procura antes os maus conselheiros, cortesãos impios, hipócritas e venais, que excitam os seus piores instintos. Aliás, Poggio Bracciolini considera que o príncipe atrai e acolhe quatro tipos de pessoas, não especialmente recomendáveis: os bajuladores, os insidiosos imorais, os delatores, e os banqueiros e cobradores de impostos (que convencem o príncipe a espoliar o povo). Enfim, para Poggio Bracciolini, a «política da virtude» seria pura e simplesmente impossível.

Contudo, o fatalismo de Poggio Bracciolini não constitui o padrão. Para a generalidades dos humanistas, o poder político — com o enquadramento apropriado — pode ser temperado e enobrecido. Francesco Patrizi — sobretudo em *De regno et regis institutione libri IX* (*c.* 1482), o mais famoso «espelho dos príncipes» do Renascimento —, em representação da corrente principal, responde de algum modo aos argumentos de Poggio Bracciolini: sim, seria possível compatibilizar o poder e a virtude, porque só com base nesta poderá o príncipe satisfazer o seu nobre desejo de honra genuína, como fruto merecido do seu valor ético e político; sim, seria possível conter a degeneração moral, porque o homem mantém a sua liberdade, e não está fatalmente determinado para o mal; sim, seria possível ensinar a virtude e a prudência política, através de uma educação adequada — em cujo *curriculum* constariam a gramática, a poesia heróica, a história, a oratória (Demóstenes e Cícero, principalmente) e a filosofia moral, bem como a matemática, a música, a astronomia, a geografia... — através do convívio assíduo com pessoas sábias e rectas, capazes de dizer a dura verdade, e do afastamento das más companhias.[19]

Contudo, o espectro da tirania, segundo Poggio Bracciolini (que assombrará depois Maquiavel, embora em termos muito diferentes), permanece. Será verdade que o poder transforma qualquer príncipe num tirano, por força da dominação exercida, e que acabará por não haver diferenças reais entre os dois?

[19] Cf. Hankins, *op. cit.*, pp. 138 ss., 217 ss., 320 ss. e 412 ss.

Quão tirano era Júlio César?

Dante Alighieri colocou Brutus e Cassius — os principais homicidas de Júlio César — no último círculo do seu Inferno, ao lado de Judas Iscariotes. Resistindo ao juízo de Cícero (em *De Officiis*), Petrarca defendeu o ditador, justificou a travessia do Rubicão e sublinhou a sua magnanimidade, generosidade, clemência e justiça. Contudo, Petrarca admirava sobretudo Augusto, tomando-o como o governante ideal e protótipo de todas as excelsas virtudes. Coluccio Salutati, Ciríaco de Ancona e Biondio Flavio, entre outros, estavam de acordo, mais ou menos. Ao contrário, Poggio Bracciolini deplorava a crueldade e maldade de ambos os autocratas. Por seu turno, Patrizi admirava César, exprobando embora a sua desmedida ambição, vaidade e ganância de poder; e, quanto a Augusto, não deixou de registar a sua índole despótica e cruel.[20]

Hankins inscreve esta controvérsia na sua investigação sobre as raízes clássicas da concepção renascentista da tirania. Distingue duas famílias: a «tirania grega», concebida sobretudo como uma corrupção do carácter do governante; e a «tirania romana», entendida principalmente como violação do *ius*, do direito, natural e positivo. A primeira enfatiza os seus aspectos psicológicos, morais e intelectuais — a desordem da alma, a *pleonexia* (uma espécie de ganância), a intemperança e violência das paixões, a irracionalidade, como patente nos escritos de Platão e Aristóteles — conducente ao desprezo e ódio dos súbditos. A segunda, emergindo das tradições do direito romano, acentua a sua faceta jurídica e constitucional — a soberania da lei, da jurisprudência e do costume, como baluartes da ordem civil e da liberdade, e base da comunidade humana —, tal como apresentado em Cícero. Trata-se de uma distinção relativa, matizável e porosa, sendo que os dois entendimentos se foram depois misturando e fundindo.

Na tradição grega — e independentemente das discussões sobre a tirania arcaica, adiante referidas — Hankins encontra também uma versão benigna ou ilustrada de tirania, aparente no *Hiero* de Xenofonte e descortinável também no livro V da *Política* de Aristóteles. Tratar-se-ia de um «bom» governo por más razões. Nos termos das recomendações

[20] Cf. Hankins, *op. cit.*, pp. 162–164, 293, 300, 315 e 402–403.

do poeta Simónides (de Xenofonte) a Hiero, tirano de Siracusa, consistiria em dar ao povo tudo o que ele quer (excepto liberdade política e autogoverno), com vistas a um regime mais longevo, a uma vida mais feliz e segura, e a poder morrer na cama. Não seria necessariamente um governo cruel e opressivo, seria meramente paternalista e autoritário. A sua intenção é ainda a do monopólio do poder mas, na prática, os seus efeitos seriam parecidos ao do governo de um bom rei. Não corresponderia à justiça, porque o seu único (oculto) propósito seria ainda preservar o poder e prazer do tirano, e porque degradaria a alma dos governados (e também do próprio governante)[21], ao privá-los da liberdade e da autodeterminação racional, sem as quais o respeito pela dignidade humana não é possível. A maior parte das pessoas, porém, não se importaria muito com isso, nem com abstractas questões de legitimidade, e ficariam satisfeitas o bastante se houvesse paz, segurança e prosperidade. Ao contrário, para a concepção romana, a ideia de «tirania benigna» é uma contradição nos seus próprios termos: nada que fosse injusto, inconstitucional e desonroso (como César terá feito) poderia alguma vez ser benéfico para alguém.[22]

Contra o legalismo de Cícero, a benevolência de Petrarca face à prestação de César sugere o seu alinhamento com a visão «grega» da tirania e um certo desdouro da lei e da legitimidade formal, de um modo que marcará o humanismo italiano. Em síntese, o que faz um tirano não seria o seu título formal, mas o seu carácter. Um príncipe seria reconhecido não por ter esse nome mas pelas suas intenções e acções. A tirania era o exercício vicioso de poder, o que poderia ser detectado tanto num rei formalmente legítimo, quanto num *condottiere* que o usurpou. A legitimidade formal não conferiria maior virtude aos governantes. Aliás, para Petrarca, todos os regimes do seu tempo seriam, na prática, corruptos, opressivos, inclinados à tirania e, no fundo, moralmente equivalentes. E as monarquias de hoje seriam as tiranias de ontem, cuja irregularidade original teria sido sanada, por posterior consentimento tácito, em troca de uma governação razoavelmente benévola.

[21] Strauss recorda que «according to the opinion of the perfect gentleman, tyranny is bad, not only for the city, but above all for the tyrant himself». Cf. Strauss, *On Tyranny*, p. 40.

[22] Cf. Hankins, *op. cit.*, pp. 103 ss.

Enfim, só a justiça distinguiria o tirano do rei, e seria condição necessária — e também suficiente — para a sua legitimidade. A disposição moral do governante seria o relevante e decisivo, e uma qualquer salutar «república de demónios» ou de *knaves* (como em Kant ou Hume) seria impensável.[23]

A brecha: Maquiavel

De acordo com Hankins, a «política da virtude» funcionou mesmo e foi bem-sucedida, quer ideologicamente — pelo final do século XV, teria adquirido o estatuto de sabedoria convencional —, quer politicamente, depois de quatro décadas de paz e prosperidade sem precedentes. Apesar das vicissitudes, houve realmente um renascimento italiano, particularmente brilhante: espiritual, cultural, artístico, social e material. Contudo, nesse mesmo momento, essa teoria política começou a ser posta em causa, rumo a uma visão mais «romana», «realista» e coriácea, por assim dizer, a culminar em Maquiavel e, eventualmente, na *ciência política* moderna. Já antes, esse movimento se tinha insinuado. Com Leonardo Bruni, por exemplo — em *Historiarum Florentinarum* (*c.* 1442), sobretudo — onde encontramos um pragmatismo proto-maquiaveliano, a subordinação da virtude pessoal à glória do Florença, e um aperitivo da *raison d'État*. Ou em Candido Decembrio — na sua *Vita Philippi Mariae* (c. 1447), o duque e «tirano» de Milão — no qual também descobrimos um cinismo, realismo e *virtù* precursores de Maquiavel, duas gerações antes. Em Fillipo Maria Visconti, Decembrio identifica um governante moralmente vicioso, e mesmo devasso, mas com grande engenho e qualidades políticas, não apenas para benefício próprio mas também com vantagens para o seu povo.[24] Todavia, em Maquiavel haveria mesmo uma ruptura radical com a «política da virtude».

Hankins sublinha dois factores que terão contribuído para tal. Por um lado — no plano das ideias —, a descoberta e recepção no *quattrocento* das fontes gregas sobre a tirania arcaica (nomeadamente

---

[23] Cf. Hankins, *op. cit.*, pp. 119 ss. e 154 ss.

[24] Cf. Hankins, *op. cit.*, pp. 141 ss., 272 ss. e 423 ss.

nas *Histórias* de Heródoto) veio matizar a ideia do tirano como monstro, e esfumar a distinção entre a «verdadeira» monarquia e a tirania. Para Heródoto, a tirania não era causada pelo carácter corrompido do governante, mas provinha antes das condições e acções necessárias para sustentar a sua autocracia, e da violência inseparável do exercício do poder. O tirano não era um ser irracional, embriagado pelos seus piores instintos, mas apenas um indivíduo talentoso, egocêntrico e calculista, motivado pelo desejo de domínio.[25]

Por outro lado, teria sido decisiva a experiência traumática da invasão da península italiana por exércitos estrangeiros, em 1494, e a subsequente humilhação de Florença — aquilo a que Francesco Guicciardini na sua *Storia d'Italia* (1561) denominou a *calamitá d'Italia*. Nesse ano, Carlos VII, o «bárbaro» rei de França, invadiu a península transalpina sem deparar com demasiada resistência, e conquistou fácil e rapidamente o reino de Nápoles. Esta capitulação foi favorecida por múltiplas e sucessivas traições, acrescentando ao colapso o vexame. Afinal, depois de cem anos de «política da virtude», quando chegou a altura de defender a «Itália» contra um agressor estrangeiro, inúmeros príncipes e magistrados — com refinada educação humanista — aproveitaram a invasão francesa para proteger os seus interesses particulares, exibindo uma cobardia, oportunismo e «pragmatismo» vergonhosos. O resultado foi a ocupação da península itálica por poderes estrangeiros nos 350 anos seguintes.[26] Camões, algum tempo depois, podia dizer n'*Os Lusíadas*: «Contigo Itália, falo, já *summersa*/ Em vícios mil, e de ti mesmo adversa»[27].

Maquiavel assistiu a tudo isto: tinha 24 anos de idade quando Carlos invadiu a sua Itália, «sem chefe, sem ordem, batida, espoliada, lacerada, invadida», como ele diz em *Il Principe*.[28] Talvez por isso, também, tenha concluído que os conselhos moralistas dos seus compatriotas das gerações anteriores eram uma perigosa e debilitante ilusão, incompatível com a *necessità*. Hankins não presume resolver o «problema de

---

[25] Cf. Hankins, *op. cit.*, pp. 148 ss.

[26] Cf. Hankins, *op. cit.*, pp. 423 ss. Voegelin já tinha salientado o efeito impactante sobre Maquiavel do trauma de 1494. Mas, ao contrário de Hankins, sugere também uma certa continuidade com alguns dos humanistas italianos. Cf. Eric Voegelin, *Estudos de Ideias Políticas de Erasmo a Nietzsche*, Ática, 1996, pp. 42–44.

[27] Cf. Luís de Camões, *Os Lusíadas*, Canto VII, Est. 8.

[28] Cf. Maquiavel, *Il Principe*, xxvi.

Maquiavel», nem o considera um pseudo-problema[29], mas dá sua própria opinião. Embora aguado e sanitizado por alguma historiografia

[29] A bibliografia sobre Maquiavel é imensa e ilustre, e em grande parte contraditória (e Hankins conhece-a). A hipótese talvez mais generalizada — quase convencional, a partir de Croce — é a de que Maquiavel teria emancipado a política da ética e da religião, em homenagem à necessidade. Isso corresponderia não apenas à autonomização da política, mas à sua completa independência (cf. Benedetto Croce, *Elementi di Politica*, Bari: Laterza & Figlio, 1925, p. 62 ss). Diferentemente, para Isaiah Berlin (cf. «The Originality of Machiavelli» [1972], in *Against the Current: Essays in the History of Ideas* [1979], Henry Hardy (ed.), Princeton: Princeton University Press, 2001, pp. 44 ss.), tal como para Quentin Skinner (cf. *The Foundations of Modern Political Thought*, Vol. 1, *The Renaissance*, Cambridge: Cambridge University Press, 1978, pp. 134–135), a originalidade de Maquiavel não residiria no divórcio que ele teria oficiado entre moral e política, autonomizando esta última. A singularidade de Maquiavel permaneceria no campo moral: corresponderia em propugnar uma moralidade diferente da convencional, que fizesse justiça aos dilemas políticos que não se compadeceriam com as exigências da virtude cristã. Leo Strauss (cf. *Thoughts on Machiavelli* [1958], Chicago: The University of Chicago Press, 1978) e Harvey Mansfield (cf. *Machiavelli's Virtue* [1966], Chicago: The University of Chicago Press, 1998) opõem-se à visão branqueada e complacente de um Maquiavel domesticado e não maquiavélico, considerando que essa tese não lhe faz inteira justiça e desvaloriza a novidade feroz e genialidade brutal do «mestre do mal». Berlin surpreende-se com a proliferação e disparidade de interpretações sobre o pensador florentino, atendendo a que a obra de Maquiavel é pouco extensa e relativamente clara. Maquiavel seria, alternativamente, materialista e ateu, pagão, raivosamente anticlerical, genuinamente cristão ou mesmo sinceramente católico. Para uns, queria estabelecer uma nova ordem, mudar e conquistar o mundo; para outros, tinha em mente apenas a sua própria geração e a sua querida Itália. *O Príncipe* seria uma sátira (Maquiavel não poderia estar a falar a sério...), ou então uma armadilha. Maquiavel seria apenas um exemplar típico do género «espelhos de príncipes». Seria um humanista florentino, um patriota ardente, um democrata republicano, um amante da liberdade. Para outros, seria um monstro, um agente do demónio, um mestre do mal. Ou seria antes um pragmático, um «realista» ou um cínico. Talvez fosse um vulto trágico, um artista, ou um pessimista antropológico. Talvez fosse o protótipo do moderno cientista político, moralmente neutro; ou um frio tacticista; ou um especialista das técnicas do governo; ou um positivista; ou um empirista anti-metafísico. Seria um reflexo do seu tempo; ou, ao contrário, um intérprete da História ou do Todo. Segundo Bertrand Russell, *O Príncipe* era um «*handbook* para *gansters*»; segundo Mussolini, um «*vade mecum* para estadistas», etc. (cf. «The Originality of Machiavelli», pp. 25–36). E haverá ou não descontinuidade entre *Il Principe* e os *Discorsi*? Hankins considera que subsistem contradições e inconsistências nestas múltiplas interpretações, em parte devidas a contradições e inconsistências no próprio pensamento de Maquiavel, e que «entre tanto desacordo e incerteza, os historiadores

contemporânea das ideias políticas, a disposição de Maquiavel para acomodar qualquer grau de maldade com vista a conquistar ou manter o poder do Estado seria claramente revolucionária, bem como a ideia de que a tradicional moralidade individual não é escalável para o nível político (ideia que — por sua influência — se tornou entretanto respeitável). Uma política consistente de virtude e bondade, entre tantos que não são bons, falharia inelutavelmente. A integridade moral dos governantes constituiria uma fraqueza e uma ameaça ao seu poder. Para Maquiavel, as armas devem ter precedência sobre as letras, os capitães sobre os filósofos, a decisão e a acção sobre a literatura e a conversa. Seria preciso preparar a mente para os perigos, e o corpo para a dureza da política. Seria preciso sacrificar a virtude pessoal à sobrevivência e glória do Estado. O mal deveria ser feito para salvaguardar o «bem», e o *bene vivere* seria inimigo do *vivere politico*.

O príncipe maquiaveliano não está constrangido por quaisquer critérios de legitimidade jurídica ou moral. Equidade, virtude, honra e piedade poderiam ser úteis, reputacionais ou instrumentais, algumas vezes, dependendo das circunstâncias, mas sempre como parte de uma táctica e não por questões de princípio. Mas a tirania seria também, ela própria, uma mera táctica. A maldade, como a bondade, seriam ambas servas da necessidade. Assim, o príncipe de Maquiavel não será exactamente um tirano, em quaisquer dos sentidos anteriores. Para ele, o opressivo tirano da antiguidade seria um governante falhado, estúpido, escravo dos seus apetites, merecedor do ódio que os seus súbditos lhe dedicam, e que não percebe que de vez em quando precisa de ser bom, para preservar o Estado. Mas também o «tirano benévolo» de Xenofonte ou Aristóteles não faz justiça ao seu príncipe, uma vez que este é guiado apenas pela lógica de necessidade e não pelas leis da moralidade, nem pelas da tranquilidade. Hankins sugere que, em *O Príncipe*, Maquiavel se dirige aos governantes de boas intenções com a sua «voz maquiavélica», para lhes segredar que é preciso fazer o mal; enquanto nos *Discorsi* adverte os potenciais tiranos com uma «voz simonidiana» (de Simónides), sussurrando-lhes que é preciso fazer o bem.[30]

só podem escolher o seu caminho com cautela e humildade» (cf. *Virtue Politics*, p. 449). Ver Ferro, *Virtude Política*, p. 161 ss.

30 Cf. Hankins, *op. cit.*, p. 455 ss.

A política da *virtù* contra a «política da virtude»

Assim, haveria mesmo uma brecha — uma oposição quase simétrica — entre os humanistas (de Petrarca a Patrizi) e Maquiavel. Aqueles cultivavam uma ideia de bem humano de fundo cristão, articulada com o teleologismo e eudemonismo clássicos; Maquiavel labora sobre um concepção epicuriana de natureza humana, como feixe e fluxo de *umori* e desejos egoístas e insaciáveis: de poder e glória (no caso dos príncipes) e de prazer e segurança (no caso do povo).[31] A «teoria ética» do autor d'*O Príncipe* é uma espécie de consequencialismo; ao contrário, o critério humanista para avaliar o comportamento ético julga as acções pela sua nobreza intrínseca e pelo seu efeito no carácter, na esteira de Aristóteles e dos estoicos.[32] Para os renascentistas da «política da virtude», a conduta moral está a montante da boa política, e é condição imprescindível para ela; para Maquiavel, está a jusante (embora depois, em ambos os casos, haja uma relação circular) e seria uma questão de incentivos. Em ambos os casos, a questão do regime não é decisiva: Maquiavel (pelo menos em *O Príncipe*) não é apologista de um regime particular (república ou principado), em exclusivo, e em ambos se projecta uma reforma política *supra partes*. Nos dois casos, a questão constitucional é secundária relativamente ao papel da «virtude». Em ambos, portanto, o que importa é o modo de governar. Em ambos os casos, «gli peccati de' popoli nascono dai principi»[33]: resultam do seu desleixo, negligência e do mau exemplo que dão aos governados.

---

[31] Skinner considera que os objectivos dos príncipes, segundo Maquiavel, são idênticos aos que os humanistas apontam e aprovam: alcançar honra, glória e fama, «fazer grandes coisas», e promover a prosperidade do Estado. Só os métodos seriam diferentes (cf. Skinner, *The Foundations of Modern Political Thought*, Vol. 1, p. 134), como se isso fosse de pouca monta. Precisamente, o desalinhamento moral entre fins e meios (e a justificação destes por aqueles) é revelador das significativas divergências — antropológicas e políticas — entre Maquiavel e os humanistas.

[32] James Hankins, *The Virtuous Republic of Francesco Patrizi of Siena*, in J. Davies e J. Monfasani, Homenagem a Robert Black, Leiden-Londres: E. J. Brill, forthcoming, p. 17.

[33] Cf. Maquiavel, *Discorsi Sopra la Prima Deca di Tito Livio* [1531] in *Il Principe, e Discorsi Sopra la Prima Deca di Tito Livio di Niccolò Machiavelli*, Florença: Felice le Monnier, 1848, III.xxix, pp. 384–385.

Mas, para os primeiros, o relevante é a elevação interior e a virtude (em sentido grego ou cristão) dos governantes, enquanto para Maquiavel é a sua *virtù* (em sentido completamente diferente, significando aceitar valentemente que a necessidade política exige um compromisso com o mal, e ser capaz de proceder em conformidade, da maneira mais airosa possível). Para Petrarca, a principal matéria-prima da política é o príncipe, a modelar pelos humanistas; para Maquiavel, a matéria-prima básica é o povo, a moldar pelos príncipes.[34] Essa matéria-prima — o material humano — seria transformável (ou enformável) por um príncipe que fizesse jus ao seu nome. Os humanistas veneravam os Antigos; Maquiavel não só não venerava ninguém como terá inaugurado a modernidade: contesta a superioridade dos clássicos, relativamente aos contemporâneos, como fonte de prudência política; mistura exemplos antigos e modernos; e sonda a virtude e sabedoria clássicas, sem reverência, apenas para perceber a chave dos seus êxitos. Quanto à famosa questão de Cícero nas *Philippicae*, para os humanistas renascentistas é melhor e mais seguro ser amado do que ser temido, precisamente ao contrário da prescrição expressa do Florentino (quando não se puder ser as duas coisas...), juntamente com a de não ser odiado. Quer Leonardo Bruni quer Maquiavel consideravam que o facciosismo era o maior problema de Florença. Todavia, para Bruni (na sua *Historiarum Florentinarum*), as suas causas últimas eram de tipo moral, nomeadamente os vícios humanos típicos dos dois extremos sociais — a ralé e os magnates —, razão pela qual deviam ser afastados do governo: o combate principal deveria ser travado no coração dos homens, e os maus actores deveriam ser retirados do palco. Ao contrário, para Maquiavel (pelo menos, nas *Istorie Fiorentine* e nos *Discorsi*), todos — magnates, classes médias e pobres — deveriam ser incluídos na equação política (como em Roma). E os problemas do facciosismo resolver-se-iam com novas leis, costumes e instituições, «modi e ordini nuovi»[35]. Para

---

[34] Ver Maquiavel, *Discorsi*, I.xlvi–lix. Ver Harvey Mansfield, *Machiavelli's New Modes and Orders: A Study of the Discourses on Livy*, Chicago: The University of Chicago Press, 1979, p. 139. Ver Leo Strauss, «The Three Waves of Modernity», in *An Introduction to Political Philosophy — Ten Essays by Leo Strauss*, Detroit: Wayne State University Press, 1989, p. 85.

[35] Cf. Maquiavel, *Discorsi* I, «Prefácio».

Biondo Flavio, a grandeza de Roma e razão do seu sucesso assentavam no seu sistema meritocrático, no seu cosmopolitismo e, sobretudo, nas extraordinárias e idealizadas virtudes — públicas e privadas — dos seus cidadãos; para Maquiavel residiam, antes, na sua disposição de fazer o que fosse necessário — genocídio, arrasamento de cidades, escravização de populações, predação de recursos alheios — usando de crueldade, traição, violência e desumanidade, se isso fosse preciso para preservar e alargar o seu império (embora, provavelmente, ambos — Biondio e Maquiavel — fossem unilaterais na sua análise).[36]

Um idealismo realista

Hankins reconhece que Maquiavel (o das *Istorie Fiorentine* e dos *Discorsi*) e os modernos têm alguma razão. Não é verdade que o regime, leis e instituições não sejam significativamente importantes, como se bastasse que os governantes fossem cristãmente virtuosos. Aliás, parece demasiado fácil encontrar objecções à «política da virtude», como forma talvez arrogante e paternalista de elitismo, e como sendo ingenuamente «piedosa» e platónica (no seu duplo sentido: quer no de tributária da *sofocracia* e intelectualismo de Platão, quer no de «idealista»), magnificada pelo proverbial optimismo renascentista sobre a natureza humana. A tese de que a legitimidade de um governante depende prioritariamente da sua virtude — mesmo que fosse verdadeira — seria difícil de operacionalizar. Para ser efectiva, exigiria conceder um poder discricionário às pessoas íntegras e sábias, de modo que essas qualidades pudessem ser exercidas. Ora, a «madeira torta da humanidade» necessita de dispositivos constitucionais. Os fracassos de virtude não são improváveis e são difíceis de corrigir mesmo no âmbito de processos constitucionais de responsabilidade política.[37] O conselho

---

[36] Cf. Hankins, *Virtue Politics*, pp. 286, 423 ss., 449 ss. e 476 ss.

[37] Hankins lembra que Henry Tudor foi um príncipe requintadamente humanista, que contou com os melhores e mais sofisticados conselheiros, o que não impediu que — enquanto Henrique VIII — tenha sido, de acordo com alguns historiadores, «o mais desprezível espécime humano que alguma vez se sentou no trono de Inglaterra» (cf. Brendan Bradshaw, Eamon Duffy (eds.), *Humanism, Reform and the Reformation. The Career of Bishop John Fisher*, Cambridge University Press, 1989, p. 15). Para uma

de «humanistas» — pressupondo que eles ainda existem e estão disponíveis — não substitui a exigência institucional de audição dos partidos ou das partes envolvidas. Sem (uma boa) lei não haverá segurança jurídica e é difícil haver liberdade. E se é verdade que muros de papel não contêm governantes corruptos, também é certo que os governantes corruptos podem ser contidos por leis e instituições desde que haja outros governantes (e cidadãos) virtuosos que as defendam. Seja como for a «política da virtude» não sobreviveu ao século XVI, e foi entretanto substituída pela abordagem constitucional da ordem política, baseada em direitos, no consentimento e na separação de poderes — de modo incompatível com quaisquer hierarquias morais. Contudo, no mesmo passo, a virtude e a prudência política — como critério de legitimidade — foram eliminadas, não sem inconvenientes.

Em contrapondo, Hankins faz notar que, ainda assim — naquele tempo, num tempo em que a lei era letra morta — não era irracional supor que o remédio contra a tirania e contra o facciosismo pudesse residir no carácter dos governantes. E mesmo para o nosso tempo, os humanistas renascentistas teriam ainda alguma coisa a dizer. Não apenas na recusa *ex-ante* do «realismo» desmoralizante de Maquiavel, como se os actores políticos bem-sucedidos fossem necessariamente forçados à realização de actos criminosos. Mas também na convicção de que as leis e o poder coercivo não são suficientes para gerar uma «vida boa», assunto ao qual a política não pode ser completamente alheia. Leis emanadas e aplicadas por pessoas depravadas serão moralmente indistinguíveis da mera força. O receio da manipulação da lei pelos poderosos é razoável.[38] O problema do legalismo — presumir que

crítica da historiografia «revisionista», em contrário — reabilitadora de Henrique e difamadora de Thomas More —, ver também Eamon Duffy, «In defence of Thomas More. The Trouble with Hilary Mantel's Tudor World», *TLS-The Times Literary Supplement*, 13 de Novembro 2020.

[38] Tocqueville recordou que a regência da lei não garante contra a tirania, como mostra a sua referência à eventual «tyrannie des lois» (cf. Tocqueville, *De la démocratie en Amérique* I–II.x, Paris: Pagnerre, 1848, Tomo 2, p. 308) e fez questão de salientar que «je suis du nombre de ceux qui croient qu'il n'y a presque jamais de bonté absolue dans les lois» (cf. *De la démocratie en Amérique* I, «Introduction», Tomo 1, p. 21). E, sobre o mesmo ponto, Popper observou que a própria ideia que afirma a soberania da legalidade é paradoxal: a lei pode determinar que deve ser um homem

os engulhos políticos se resolvem através da proliferação das leis e da intensificação da sua aplicação e controlo — é bem real. Antes, as leis terão sobretudo uma função mais preventiva, defensiva e «negativa» (Burke concordaria...[39]). No longo prazo, a autoridade política não pode ser mantida sem autoridade moral, e esta não pode ser adquirida sem a formação dos governantes nas melhores tradições dos povos que eles aspiram servir. Todas as sociedades precisam de referências elevadoras, de pessoas decentes, bem-educadas, bem-intencionadas e capazes, que sirvam de modelo. E o estudo da literatura, história e filosofia moral podem, com sorte, proporcionar um «treino de humanidade» de efeitos profilácticos contra a besta humana, a par de recordação não só da nossa provável maldade como também da nossa bondade possível. E, em última análise, servidão e independência resultam efectivamente de cultivados traços de caracter.

Todavia, a relação entre a legitimidade moral e a legitimidade legal, embora tensa, não é forçosamente contraditória. Cada uma dessas perspectivas, por si só, é absolutamente necessária e, ao mesmo tempo,

---

a governar. «It is important to notice that even that form of the theory of sovereignty which demands the "Kingship of the Law" is open to the same objection. This, in fact, has been seen very early, as Heraclitus' remark shows: "The law can demand, too, that the will of One Man must be obeyed."» Cf. Karl Popper, *Open Society and its Enemies*, Vol. 1, *The Spell of Plato* [1945], Londres: George Routledge & Sons, Ltd., 1947, p. 109.

[39] «One great end undoubtedly of a mixed Government like ours, composed of Monarchy, and of controuls, on the part of the higher people and the lower, is that the Prince shall not be able to violate the laws. This is useful indeed and fundamental. But this, even at first view, is no more than a negative advantage; an armour merely defensive. It is therefore next in order, and equal in importance, that the discretionary powers which are necessarily vested in the Monarch, whether for the execution of the laws, or for the nomination to magistracy and office, or for conducting the affairs of peace and war, or for ordering the revenue, should all be exercised upon public principles and national grounds [...]. This, I said, is equal in importance to the securing a Government according to law. The laws reach but a very little way. Constitute government how you please, infinitely the greater part of it must depend upon the exercise of the powers which are left at large to the prudence and uprightness of ministers of state. Even all the use and potency of laws depend upon them. Without them, your commonwealth is no better than a scheme upon paper; and not a living, active, effective constitution.» Cf. Edmund Burke, «Thoughts on the Cause of the Present Discontents» [1770], *Select Works of Edmund Burke*, Vol. 1, Indianapolis: Liberty Fund, 1999, p. 99.

insuficiente. Seria preciso — e é mesmo a única alternativa que nos resta — governar quer com rectidão e justiça moral, quer de acordo com a lei. E esta conciliação não é uma mera justaposição, porque ambas se exigem mutuamente: a liberdade e o governo limitado, sob a lei, não estarão seguros se não existir uma cultura pública que valorize a virtude e o autocontrolo; e esta cultura pode ser favorecida por arranjos institucionais razoáveis.[40]

De qualquer modo, a principal mensagem política de James Hankins — independentemente da sua historiografia do Renascimento e do pensamento político respectivo — talvez seja a ideia de que um idealismo moderado não é dispensável. Seria um idealismo realista — como o de Francesco Patrizi (o herói de Hankins) — num sentido próximo do da ideia reguladora de Kant, enquanto padrão capaz de julgar a prática política real, padrão nunca plenamente alcançável, mas capaz de orientar as decisões e acções políticas dos governantes.[41] Além disso, Hankins assevera que o idealismo realista de Patrizi é simultaneamente mais realista e mais prudente que o «realismo científico» de Maquiavel (o que seria corroborado pela expressiva lista de previsões falhadas do florentino).[42] Onde os dictames da consciência não constituem critério de orientação para a acção, restaria apenas um frágil cálculo, o que — num mundo de circunstâncias flutuantes e com nexos de causalidade amiúde indecifráveis — só poderá correr mal. Mesmo numa lógica utilitarista, a consideração das circunstâncias e a antecipação das consequências não seriam nunca suficientemente certeiras para justificar um comportamento imoral. Aliás, as consequências nunca acabam, são infinitas, e boas consequências imediatas podem ser sucedidas por más consequências posteriores[43]: podemos salvar o Estado e a prosperidade presente e, contudo, desgraçar o futuro dos nossos filhos e netos. Como escreveu algures Niall Ferguson, a única lei da história é a lei das consequências não intencionadas. Por outro lado, a famosa

[40] Ver João Carlos Espada, «Prefácio», in Ferro, *Virtude Política*, p. 8.

[41] Cf. Hankins, *Virtue Politics*, p. 404.

[42] Cf. Hankins, *Virtue Politics*, p. 458.

[43] Cf. Walter Sinnott-Armstrong, «Consequentialism», *The Stanford Encyclopedia of Philosophy* (Summer 2019 edition), referido por Hankins, *The Virtuous Republic*, p. 17.

flexibilidade maquiaveliana — o uso táctico da virtude ou do vício quando apropriado às circunstâncias, e a escolha consistente do bem *utile* próprio em detrimento do *bonum* — torna o príncipe talvez não odiado, mas pelo menos desprezado, lançando uma sombra de dúvida sobre os seus supostos feitos e virtudes. Deste modo, ele não conseguiria suscitar confiança, quer nos súbditos quer nos aliados (atendendo à volatilidade da coincidência de interesses), aquela confiança que só pode provir da constância na boa vontade, e sem a qual não é possível governar sustentavelmente.[44]

Ao contrário dos seus colegas de escola, Patrizi reconhece que nenhuma figura histórica real apresenta um modelo imaculado, mas julga que é por isso mesmo que o ideal é necessário. Talvez seja verdade que a política não pode ser nunca a coisa mais pura e elevada, e que «a política é o lugar onde o homem mostra que não é angélico».[45] Mas, frente ao *realismo* escarninho de Maquiavel — sobre a diferença entre o modo como os homens vivem e aquele como dizem que se deve viver, e sobre o alegado carácter manipulativo ou delirante dos apelos a princípios morais e religiosos —, Patrizi contende que um *realismo* político que exclua a influência do *ideal*, quer nos governantes quer nos governados, não favorece uma sociedade humana e livre.[46] Poderíamos talvez acrescentar que, se a política ignorar a fragilidade moral da condição humana, não favorecerá a justiça, nem a segurança, nem a liberdade, nem sequer a virtude. Mas, ao mesmo tempo, se a política ignorar a razoabilidade e perfectibilidade humanas (conquanto limitadas) a par da sua falibilidade, a segunda parte da famosa fórmula de Pascal poderia rezar assim: «aquele que pretende ser como besta acaba mesmo por sê-lo». Se concebermos as nossas instituições políticas na hipótese de que os homens são umas bestas, ou uns autómatos dominados pelo seu egoísmo — postulando que «every man ought to be supposed a knave and to have no other end, in all his actions, than private interest»[47],

[44] Cf. Hankins, *The Virtuous Republic*, pp. 16–17.

[45] Cf. Timothy Fuller, «*Machiavelli's Virtue.* by Harvey C. Mansfield», *The American Political Science Review*, Vol. 91, n.º 4, Dezembro de 1997, p. 945.

[46] Cf. Hankins, *Virtue Politics*, pp. 404, 421, 466, 492 e 513 ss.

[47] Cf. David Hume, «Of the Independency of Parliament», *Essays Moral, Political, and Literary* (*Essay VI*).

como recomendava David Hume —, eles convertem-se nisso mesmo, e esse pressuposto antropológico torna-se uma *self-fulfilling prophecy* que frustrará o funcionamento daquelas instituições (ao contrário do que esperava Hume).[48] Enfim, podemos perguntar-nos «se, no mundo moderno, onde as fundações morais das nossas comunidades políticas estão a cair em ruínas, as lições do pensamento político renascentista que melhor podem servir, para o nosso tempo, são as que aprendemos de Maquiavel ou as de humanistas como Francesco Patrizi de Siena»[49]...

Conclusão. Aporias da «política da virtude»

A investigação de Hankins, bem como o pensamento dos autores por ele visitados, reconvocam alguns problemas fulcrais da teoria política clássica: é possível e — caso o seja — é necessário ou desejável reformar a matéria-prima da política, i.e., a natureza humana? Podem os regimes — e, caso possam, devem — ser desenhados e operacionalizados com vista fomentar a virtude e a «vida boa»? Podem as boas leis substituir com vantagem os bons governantes? Será que o excesso de confiança nas (boas) leis e na Constituição — como substituto da virtude — produz uma espécie de *moral hazard* conducente ao esmorecimento da virtude, na medida que a desincentiva ou que a torna supostamente dispensável ou facultativa? Será que um regime muito legislado e estrito inibe e ou sufoca — como uma espécie de camisa-de-forças — o desenvolvimento da virtude? Se for assim, pode ser modificado sem perder a vantagem da regência da lei?[50] Em *Virtue Politics*, Hankins percorre e apresenta as respostas de proeminentes figuras do Renascimento italiano (a seu ver, injustamente menosprezados) face a esses problemas. Como vimos, embora com variações não insignificantes, a convicção geral desses pensadores corresponde, em síntese, à prioridade da virtude sobre o regime, à precedência da *soulcraft* sobre o *statecraft*, e à crença no alcance político de uma *paideia* adequada.

[48] Ver Ferro, *Virtude Política*, p. 355.

[49] Cf. Hankins, *The Virtuous Republic*, p. 18.

[50] Cf. Hankins, *Virtue Politics*, p. 367. Abordei algumas dessas questões em Ferro, *Virtude Política*, pp. 62 ss., 79 ss., 254 ss. e 272 ss., nomeadamente.

E o principal mérito de *Virtue Politics* — para além do seu imenso valor historiográfico (tendo em conta que Hankins descobre, recolhe e lustra peças preciosas de um baú empolvilhado e esquecido no sótão da história) — está em recuperar a pertinência daquelas perguntas, relativamente marginalizadas pelas correntes dominantes da teoria política actual.

Alguns problemas da «política da virtude» (para além da sua forte dependência de circunstâncias históricas peculiares, o que, aliás, ocorre também nas teorias de muitos outros pensadores políticos de vulto) foram já apontados: um certo moralismo (quase pelagiano, por vezes); um acentuado anti-legalismo; uma excessiva confiança no poder reformador da educação e no princípio socrático de que a virtude pode ser ensinada; um ingénuo fascínio (não aplicável a Poggio Bracciolini e Patrizi) pelos «grandes homens» da antiguidade greco-romana e pelo seu carisma; um certo intelectualismo; uma fé talvez desproporcionada na «salvação pelas letras» e no saber teórico, em detrimento da relevância concedida à experiência e à sabedoria prática — a prudência política — que é o núcleo da virtude política (mesmo sabendo que muitos desse humanistas sobraçaram cargos administrativos e políticos de grande responsabilidade); e dúvidas quanto à sua concreta operacionalização. Agora, para terminar, gostaria de me centrar numa outra dificuldade: a dos limites da *soulcraft*. Note-se que esta noção (a de *soulcraft*) implica, inerentemente, uma ideia particular de virtude, um ideal humano, uma concepção antropológica. E isto, como sabemos, pode ser problemático e, ao mesmo tempo, impossível de evitar.

Em *Virtue Politics*, a ilustração mais eloquente e eficaz de um processo de *soulcraft* político é o fornecido pelo antigo regime espartano, tal como apresentado pelo humanista e helenista Francesco Fifelfo (1398-1481), entre outros, a partir da recepção e tradução para latim, no século XV, de Plutarco (nas *Vidas Paralelas*: *Licurgo* e *Agelisau*) e Xenofonte (em *A Constituição dos Espartanos* e também em *Agelisau*). A partir de Licurgo, Esparta seria um modelo — supostamente não tirânico, porque sob a lei — de grandeza, longevidade e estabilidade política, de intrepidez e ferocidade guerreira, de harmonia doméstica e patriotismo, e de subordinação dos interesses privados ao interesse público. E era o exemplo perfeito de que «são os homens, e não as muralhas, que fazem a cidade», porque Esparta, ao contrário das outras cidades gregas, não erguia muralhas para sua protecção, preferindo fiar-se nas armas e nas almas dos seus hoplitas. Mais do que das suas instituições menos convencionais (a diarquia de reis) ou menos originais (o Éforo), o seu sucesso proviria da sua legislação moral e dos seus costumes ancestrais (e do respeito sagrado por eles), consagrando o pauperismo e a sobriedade extrema (neutralizando as funestas ambições de riqueza e poder), a férrea «educação espartana», a *virtude* das suas mulheres (em contraste com a das «mulheres de Atenas»...), a igualdade cívica, o nativismo etc.

É certo que o Laconismo humanista era largamente imaginário: os seus aspectos mais sinistros e horrendos — a absoluta supressão da individualidade em sacrifício à Cidade, a colectivização da família e da educação (desde a tenra infância), o seu igualitarismo e especial comunismo, o desprezo pela propriedade privada, a poliandria, a pederastia ritual, a xenofobia, e a escravidão dos hilotas messénios — eram ou silenciados ou desconhecidos (porque só desvelados pela historiografia posterior).[51] Em qualquer caso, os resultados provariam a *salutar* plasticidade da natureza humana, à mercê de chefes, leis, costumes e instituições apropriadas. O que, para todos os efeitos, nos leva a recear justificadamente qualquer espécie de *soulcraft* ou, pelo menos, a considerar que não são indiferentes ou irrelevantes as virtudes ou o tipo humano que se tomam como ideais[52]; e também a suspeitar que a bondade da «regência da lei» não é completamente independente do teor das leis. Paralelamente, no que concerne aos governantes, a questão não é saber se devemos ser governados por uma meritocracia, ou por uma elite, mas por que espécie de meritocracia e por que tipo de elite.[53]

Hankins considera que um certo acordo sobre o que é uma «vida boa» seria necessário para edificar uma sociedade decente, com liberdade pessoal e moderada legislação. Julga que os humanistas renascentistas advogavam — tal como ele — um perfeccionismo (*avant la lettre*) moderado, fundado na natureza, razão e antiguidade, não tão

[51] Ver Tom Holland, *Fogo Persa*, Alêtheia Editores, 2006, pp. 81 ss.

[52] Ver Hankins, *Virtue Politics*, pp. 354 ss.

[53] Para uma visão crítica, e discutível, da «meritocracia» actualmente imperante, ver Michael J. Sandel, *Tyranny of Merit: What's Become of the Common Good?*, Farrar, Straus and Giroux, 2020.

minimalista quanto o de Agostinho de Hipona, nem tão expansivo, «compreensivo» e coercivo quanto o de Aristóteles. E embora negue expressamente que a *soulcraft* deva ou possa ser um encargo do Estado — porque seria sobretudo um projecto pedagógico, persuasivo e exemplar, que proporcionasse um ambiente cultural virtuoso[54] — deixa no ar uma dupla e entrecruzada ambiguidade, no tocante ao nosso tempo. A primeira, já ventilada, é sobre qual o modelo — o ideal — a tomar nessa «formação das almas». A segunda é sobre a que «almas» se refere Hankins, quando emprega o termo *soulcraft*: às dos governantes ou às dos governados? Em geral, o sentido predominante ao longo do livro é patentemente o primeiro, mas não exclusivamente. Os humanistas julgavam que os bons e virtuosos governantes são aqueles que fazem com que os cidadãos sejam também pessoas boas e virtuosas; e que o governo poderia ser julgado pelas paixões que excita nos governados. Do mesmo modo, Alexis de Tocqueville pensava que o «primeiro dever imposto àqueles que dirigem a sociedade» é «instruir a democracia, rejuvenescer, se possível, as suas crenças, purificar os seus costumes, orientar os seus costumes» e elevá-los dos seus «instintos cegos» ao conhecimento dos seus «verdadeiros interesses».[55] No entanto, esta ideia — a do dirigente político como mestre-escola, grande educador ou *soul craftsman*, de ressonância platónica e aristotélica — tem também os seus riscos, quer por razões prudenciais (na medida em que depositar excessiva confiança e poder naqueles «que dirigem a sociedade», presumindo que eles conhecem quais os «verdadeiros interesses» dos cidadãos melhor dos que os próprios), quer por razões de princípio (na medida em que atentar contra a legítima autonomia das pessoas e lesar a sua liberdade). Não é demais sublinhar como no *liberalismo* (mal entendido) iliberal contemporâneo[56], se regista actualmente uma tentativa de implementação de uma «política da virtude ao contrário», que está mesmo a formatar profundamente — e mesmo, a meu ver, corromper — as almas dos cidadãos, em nome de um particular *ideal* moral

---

[54] Ver Hankins, *Virtue Politics*, pp. 508 ss.

[55] Cf. Alexis de Tocqueville, *De la démocratie en Amérique*, *op. cit.*, «Introduction», p. 9. Ver Pedro Rosa Ferro, *Virtude Política*, pp. 244 ss.

[56] Ver John Gray, «Un-liberty. Some Problems with the Cult of Hyper-liberalism», *TLS-The Times Literary Supplement*, 30 de Março 2018, pp. 3 ss.

e social: afectando a atitude face à religião e à família, a identidade e conduta sexual, a natalidade, o *curriculum* das escolas, a relação com a natureza, a perspectiva quanto ao início, à fragilidade e ao final da vida humana, as relações entre homens e mulheres, entre pais e filhos, entre pessoas e animais. A elite política e social — uma nova espécie de oligarquia — considera-se mais civilizada, «humanista» e «virtuosa» e tende a desprezar e marginalizar — e mesmo vigiar, censurar, «cancelar», perseguir e reprimir — as opiniões contrárias das pessoas comuns, na linha do progressismo *woke* reinante na academia, nos *media* e, ultimamente, nas *big firms*.[57]

Esta discussão remete-nos, aliás, para uma das duas principais preocupações políticas dos humanistas italianos, tal como de muitos pensadores antigos e de alguns modernos (como os Federalistas americanos): o facciosismo, a par da tirania, para a qual aquele tende a resvalar. Como já tem sido observado, as facções relevantes no nosso tempo, nas sociedades ocidentais, são mais complexas que as de outrora. Mantem-se a clivagem entre «os poucos» e «os muitos» (entre os educados e ricos e os pobres e de menor instrução), mas agora cruzada e, ou sobreposta com a que existe entre os ditos partidários da «abertura» e globalização, por um lado, e os do «fechamento»[58], por outro; e, sobretudo, com a que separa pessoas com visões do mundo e formas de enraizamento vital opostas e dificilmente conciliáveis: nomeadamente, entre a mundividência judaico-cristã e o secularismo *liberal* dominante.[59] Note-se que a distinção entre o que pertence ao âmbito privado e o que corresponde à razão pública — como critério para reger o uso da coerção — também não resolve inteiramente o problema: esse

---

[57] Ver Gertrude Himmelfarb, *The De-moralization of Society: From Victorian Virtues to Modern Values*, Nova Iorque: Vintage Books, 1996, pp. 260–264; Anthony O'Hear, «Governação, Liderança e Democracia: Algumas Reflexões», *Nova Cidadania*, n.º 51, Outono–Inverno 2013, pp. 20–21; Ferro, *Virtude Política*, pp. 251–252; e Pedro Rosa Ferro, *Política, Ciência e Consciência*, Almedina, 2020, pp. 119 ss.

[58] Ver *The Economist*, «Leader: Globalisation and Politics. The New Political Divide», 30 de Julho de 2016.

[59] Ver James Kurth, «The Real Clash», *National Interest*, Outono de 1994, citado por Robert P. George, em *Choque de Ortodoxias. Direito, Religião e Moral em Crise*, Coimbra: Tenacitas, 2008, pp. 27–28. Ver Ferro, *Política, Ciência e Consciência*, p. 61 ss.

discernimento é necessário (tentativamente), mas é sempre problemático e controverso, atendendo à permeabilidade da fronteira entre aquelas duas esferas, como julgo ter sido evidente nas últimas décadas. Gostaria de vislumbrar uma saída civilizada e liberal para esta cisão, mas sinceramente, não vejo como (assunto a que voltarei mais à frente): as discordâncias presentes afectam os próprios fundamentos da comunidade política — o que é a cidadania e o que são as pessoas, homens e mulheres, enquanto seres humanos e naturalmente sociais, quais são os seus direitos, onde reside a sua dignidade... — inviabilizando qualquer pretenso *overlapping consensus*.[60]

Enfim, podemos admitir razoavelmente que existe uma interacção circular entre as leis e Constituições, o capital humano e social (costumes e carácter dos cidadãos), e a qualidade da classe política.[61] Mas, para que essa interacção seja virtuosa — para que uma sociedade seja funcional, saudável, hospitaleira e livre — essa interacção pressupõe, a meu ver, uma determinada concepção sobre a natureza e valor da pessoa, e sobre o bem humano. Como veremos adiante, julgo não ser possível respeitar esse pressuposto se prescindirmos completamente da lei natural, conforme à tradição judaico-cristã, e do fundamento sacral e transcendente do ser humano.[62] Mas, em qualquer caso, uma «política da virtude» de emanação central, e armada de poder coercivo, seja ela qual for, deve ser sempre temperada, politicamente, pela presunção favorável à liberdade.

---

[60] Daí que, por exemplo, a aspiração de «re-unir» os Estados (des)Unidos da América, por parte de Joe Biden, tenha sido puramente retórica e destinada ao fracasso, mais por culpa da elite da asa esquerda radical do seu próprio partido, do que pelo legado errático de Donald Trump ou dos «deploráveis» (como aquela elite continua a considerá-los) que nele votaram.

[61] Ver Ferro, *Virtude Política*, pp. 315 ss e 321 ss.

[62] Ver, por exemplo, Nicholas Wolterstorff, «Is a Secular Grounding of Human Rights possible?» e «A Theistic Grounding of Human Rights», in *Justice: Rights and Wrongs*, Princeton: Princeton University Press, 2008, pp. 323–341, e 342–361, respectivamente. Ver Rémi Bragué, «The Impossibility of Secular Society», *First Things*, Outubro de 2013. Disponível em: https://www.firstthings.com/article/2013/10/the-impossibility-of-secular-society (2021/01/24).

PORQUE É QUE (NÃO) PRECISAMOS DE UM «NOVO CONTRATO SOCIAL»...*

The world is in a mess...

Vox populi

Na sequência da pandemia de 2020-2022, e mesmo antes, multiplicaram-se reivindicações de um «novo contrato social», ou de um «novo acordo global», em tons de verde (e também vermelho, i.e., mais estatista, intervencionista e centralizador)[1], visando, vagamente, «build back better». E a razão deste clamor seria fácil de perceber. O mundo estaria num caos: sistemas de saúde inadequados, lacunas na protecção social, desigualdades estruturais e precarização das classes médias; desequilíbrios comerciais, enervamento político global e «nova guerra fria»; polarização ideológica, esvaziamento do centro político, populismo e perda de confiança nas instituições de mediação política; «meritocracias hereditárias» blindadas em Torres de Marfim, e correlativas avarias no «elevador social»; volatilidade financeira, degradação ambiental e crise climática; tensões inter-geracionais, o regresso da inflação de dois dígitos (e provavelmente da

---

* Versão revista e desenvolvida de artigo publicado, com o mesmo título, em *AESE insight #68* (https://www.aese.pt/aese-insight-68/).

[1] Ver Ann Pettifor, «Build Back Better? Rebalancing the Global Economy», *TLS-Times Literary Supplement*, 10 de Setembro de 2021, pp. 22–23. Ver António Guterres, «Tackling the Inequality Pandemic: A New Social Contract for a New Era», 18 de Julho de 2020. Disponível em: https://www.un.org/sustainabledevelopment/a-new-social-contract-for-a-new-era/ (2022/01/20).

estagflação...), agravamento do sobre-endividamento público, etc.[2] A pandemia teria sido um acontecimento «revelador» e acelerador, porquanto atingiu os mais vulneráveis, pondo a descoberto, primeiro, e exacerbando, depois, as desigualdades, injustiças e fragilidades pré-existentes. Como se não fosse suficiente, não tínhamos ainda saído da pandemia quando desabou sobre o mundo a guerra na Ucrânia, com os seus efeitos devastadores.

Em contraposição, pode-se pensar que «isto nunca esteve bem» (o que é verdade, quer porque sempre desejamos estar melhor, quer porque, objectivamente, sempre houve muitas pessoas — e sempre os mais fracos — a viver em condições insuportáveis); ou pode-se pensar, ao contrário, que «as coisas nunca estiveram tão bem» (o que também é verdade, economicamente, a nível global); ou que o descontentamento presente decorre precisamente da espiral de expectativas que o sucesso das instituições liberais possibilitou; ou que essas expectativas foram empoladas pela banalização da ideia perversa de que a promessa de felicidade (e não apenas a das condições para a procura da felicidade) estava incluída no «contrato social», a expensas do Estado. Pode-se também pensar que, em qualquer caso, o progresso nunca é inexorável nem irreversível, ao contrário do que reza o credo progressista. E pode-se ainda pensar que o progresso num sentido se faz sempre à custa de retrocessos noutros sentidos. O que também é verdade, novamente: a maior parte dos descontentamentos referidos resultam da ruptura ou desconserto de antigos arranjos por efeito de factores vários, incluindo aqueles cujo impacto na sociedade foi genericamente positivo, como o desenvolvimento tecnológico e a globalização.[3] Contudo, nada disto justifica a condescendência. A percepção — e, em alguns casos, a realidade — de que muitas pessoas «foram deixadas para trás», e de que

[2] Cf. Minouche Shafik, «What We Owe Each Other. We Need a New Social Contract Fit for the 21st Century», *Finance & Development*, Abril de 2021. Disponível em: https://www.imf.org/external/pubs/ft/fandd/2021/04/what-we-owe-each-other-book-minouche-shafik.htm (2022/01/26). Ver também Alfonso Basallo, «La pregunta es si estamos a tiempo de reconstruir el contrato social tras la pandemia señala Manuel Muñiz», *Nueva Revista,* 11 de Junho de 2021. Disponível em: https://www.nuevarevista.net/la-pregunta-es-si-estamos-a-tiempo-de-reconstruir-el-contrato-social-tras-la-pandemia-senala-manuel-muniz/ (2022/04/01).

[3] Cf. Shafik, «What We Owe Each Other», *op. cit.*

foram frustradas as suas expectativas (de segurança e oportunidades) em consequência do fracasso dos «velhos» dispositivos sociopolíticos, constitui um problema humano e político real.

Por conseguinte, deveríamos rever o modo como os direitos e deveres, os benefícios e cargas da sociedade (bem como as bases sociais do respeito próprio, como dizia John Rawls) estão a ser distribuídos, de forma a viabilizar a cooperação social e a lealdade política, em termos justos e mutuamente vantajosos, e sobre um «chão comum». Ou seja, aquilo em que se pode considerar consistir o «contrato social», na acepção corrente do termo: um sistema de voluntária dependência mútua, na mira de benefícios que seriam inatingíveis se tal não acontecesse. Em troca de contribuir para a sociedade (por assim dizer), os cidadãos esperariam segurança física, justiça, representação e um governo que funcione, bem como um certo sentido de pertença e comunidade e, ao mesmo de tempo, de universalidade.

«As coisas nunca estiveram tão bem»?

Antes do mais, vale a pena recordar que o «sistema capitalista» (uma conjugação de propriedade privada, responsabilidade individual, mercados concorrenciais, livre escolha e livre empresa, sob a regência da lei), a globalização e os avanços tecnológicos retiraram da miséria mais de mil milhões de pessoas, nas últimas décadas[4]; que o número de pessoas que vivem na pobreza absoluta caiu quatro vezes, desde 1980 (até à pandemia)[5]; e que nas duas primeiras décadas deste século (até à pandemia, novamente), apesar da crise financeira de 2008, ocorreu — nos países da OCDE — um crescimento sem precedentes do emprego e das oportunidades de trabalho (as taxas de desemprego caíram para patamares históricos, em muitos países, e a taxa de emprego atingiu níveis record), e verificou-se um maior acesso, por parte de todos os consumidores, a uma grande variedade de bens e serviços que se tornaram mais baratos (alimentação, vestuário, comunicações, mobiliário,

---

[4] Cf. António Guterres, «Tackling the Inequality Pandemic», *op. cit.*

[5] Cf. Luís M. B. Cabral, *Introduction to Microeconomics*, Version 1.3.1 (20 de Setembro de 2021), p. 35. Disponível em: luiscabral.net/economics/books/micro/.

recreação...), a par do aumento da riqueza média, do nível educacional, da saúde e da esperança de vida...[6]

Isto são desenvolvimentos genuinamente positivos, cuja bondade não pode ser exagerada. Não é «apenas» o alívio da penúria e da indigência. É também a oportunidade de trabalho, não só como fonte de recursos (que poderia ser conseguida, alternativamente, através de um qualquer subsídio) mas também como fonte de sentido, auto-respeito, consciência de contribuição para a sociedade e estatuto social e familiar. Ao mesmo tempo, paradoxalmente, as pessoas estão zangadas e ansiosas, e o descontentamento público, como já vimos, é bastante generalizado: quatro em cada cinco pessoas — na China, Europa, Índia e Estados Unidos — consideram que o sistema não está funcionar (bem) no que lhes diz respeito; na maioria das economias avançadas, os pais temem que a situação dos seus filhos venha a ser pior do que a sua; sondagens várias revelam que a confiança do público no governo e noutras instituições sociais tem decaído significativamente, que mais de metade das pessoas acredita que os seus países estão «no mau caminho», e que quase metade julga que a pessoa média no seu país está hoje pior do que há 20 anos...[7] E há muito palavreado e prosápia sobre o «capitalismo inclusivo», sobre a «economia para o bem comum» ou sobre a «economia da vida»[8], (para não falar da «economia de Francisco» — diferente da de João Paulo II, aliás — contra a «economia que mata»[9]). No entanto, não houve até agora, historicamente, nenhum sistema mais «inclusivo» (aferido pela redução consistente da pobreza no planeta), nenhuma economia mais favorável ao «bem comum» de todos (do ponto de vista económico), incluindo as «periferias», e nenhuma economia que tenha «matado» menos pessoas (à fome, ao frio do relento debaixo das pontes, ou à doença e à dor...) que a economia de mercado (ou, se quisermos, que o capitalismo democrático), por muito que tudo isso seja ainda insuficiente ou pareça decepcionante.

---

[6] Cf. J. Manyika, A. Madgavkar, T. Tacke, J. Woetzel, S. Smit e A. Abdulaal, «The Social Contract in the 21st Century», *McKinsey Global Institute*, Fevereiro de 2020, pp. 2 ss., e 29 sss.

[7] Cf. Minouche Shafik, «What We Owe Each Other», *op. cit.*, e Manyik *et al.*, «The social contract in the 21st century», *op. cit.*, p. 29.

[8] Ver Jacques Attali, *L'économie de la vie: Se préparer à ce qui vient*, Fayard, 2020.

[9] Cf. Francisco, *Evangelii Gaudium*, 53.

Podemos reconhecer que o «capitalismo» real tem muitos defeitos e que, entregue a si próprio, pode mesmo ser predatório, corruptor e iníquo. Simplesmente, não se conseguiu ainda inventar um sistema económico menos mau.

«O sistema não está funcionar»?

Como explicar esse paradoxo?

Uma razão pode ser a ignorância. De facto, empiricamente, algumas das percepções acima aventadas são, pura e simplesmente, equivocadas. Por exemplo, embora a proporção de pessoas miseráveis tenha caído nos últimos 30 anos mais rapidamente do que nunca na história, a maioria (55%) dos cidadãos do Reino Unido com formação universitária pensa que o contrário é verdadeiro e que a pobreza aumentou.[10] Outra razão será talvez a figadal hostilidade ideológica à economia de mercado de grande parte da academia e dos *media*.

Contudo, há também argumentos mais razoáveis para o presente desapontamento. Em primeiro lugar, subsistem evidentemente imensos problemas, e persiste muito sofrimento humano, talvez evitável. Depois, há também razões específicas do nosso tempo. Por um lado, nas economias da OCDE, desde 2000, o crescimento do rendimento e a segurança do trabalho evoluíram de forma desigual e polarizada, por virtude da tecnologia, da globalização, da reestruturação da economia e, consequentemente, das alterações no mercado laboral: as novas oportunidades de trabalho beneficiaram sobretudo as pontas — quer os trabalhadores de maior qualificação e remuneração, quer os trabalhadores menos qualificados e pior remunerados — deprimindo, comprimindo e espremendo os do meio; e, para muitos trabalhadores, os salários médios estagnaram, em vários países, e os seus empregos são precários ou «flexíveis», *Gig jobs*. Por outro lado, os custos de bens básicos, como a habitação, educação e saúde têm crescido (o

---

[10] Cf. Max Roser and Esteban Ortiz-Ospina, «Global Extreme Poverty» (publicado pela primeira vez em 2013; substancialmente revisto em 27 de Março de 2017, e com pequenas alterações em 2019), *Our World in Data*. Disponível em: https://ourworldindata.org/extreme-poverty (2022/04/07).

que, aliás, é também apontado como dificuldade para constituir família, supostamente superior à que existiria na geração anterior). Entretanto, o aumento da longevidade e o declínio das taxas de natalidade agravaram o problema das reformas, num contexto de baixa poupança das famílias e de redução do crescimento médio da riqueza, e de não recuperação (relativamente à situação anterior à crise financeira) do seu nível mediano.[11] E, já depois da pandemia, assistimos ao advento da *great resignation* — a demissão voluntária dos seus empregos por parte de um imenso número de pessoas, a partir do início de 2021, principalmente nos Estados Unidos, seja por insatisfação crónica com o seu trabalho, seja por preocupações de segurança face à pandemia da Covid-19, seja por estagnação salarial, seja pelo desejo de flexibilidade de horário (saboreado nos períodos de confinamento e de que não se quer prescindir)... — o que, em qualquer caso, é sintoma de mal-estar existencial.[12]

«O crescimento económico é bom para os pobres»?

Por fim, como razão para o nosso descontentamento — e até mesmo indignação e escândalo, na medida que atentaria contra a «justiça social» — encontramos a constatação de desigualdades, às vezes gritantes, quer entre países quer dentro de cada país. É certo que, no seu espectro global, é muito difícil medir as desigualdades e descobrir se têm aumentado ou não, convergido ou divergido[13], mas

[11] Cf. Manyika *et al.*, «The Social Contract in the 21st Century", pp. vi, 2, 5, 7, 9–12 e 90.

[12] Sobre o assunto do ambiente de trabalho, ver Joe Moran, «Good Offices. How Our Working Lives Are Changing — and How they Harm Us», *TLS-Times Literary Supplement*, 18 de Fevereiro de 2022, p. 22.

[13] Por um lado, as estimativas variam consoante os métodos de estimação e os períodos de referência. Por outro, podem referir-se as desigualdades na repartição do rendimento (e, dentro deste, ao rendimento bruto ou ao rendimento disponível), ou da riqueza, ou do consumo. Por outro lado ainda, a desigualdades variam muito de país para país. Ver Max Roser e Esteban Ortiz-Ospina, «Income Inequality», Outubro de 2016, *Our World in Data*. Disponível em: https://ourworldindata.org/income-inequality (2022/04/07).

todos concordamos que são muito grandes. É também verdade que a nossa preocupação principal neste campo, em prioridade e urgência, não deve ser a minimização das desigualdades, mas sim a minimização da pobreza absoluta (embora a interdependência entre as duas seja discutível). E, apesar dos enormes progressos realizados no alívio da exclusão social e da pobreza material (pelos quais, como vimos, o sistema capitalista merece algum crédito)[14], os «cinco gigantes» de Beveridge — miséria, ignorância, necessidade, ociosidade e doença — nunca se dão por vencidos. Ainda há um longo caminho a percorrer, sem complacência ou conformismo (tanto mais que a pandemia piorou realmente a situação). Como condição para que isso aconteça, não há dúvida sobre a necessidade de crescimento económico; e parece ser prudente preservar um ambiente hospitaleiro ao dinamismo empresarial, à afectação eficiente de recursos e ao aumento da produtividade, favorável à criação de riqueza, oportunidades e emprego. Sem isso, não teria sido possível retirar tantas centenas de milhões de pessoas da pobreza extrema, e não será possível retirar doravante outros tantos milhões. Isto não corrobora necessariamente o tão vilipendiado efeito de *trickle-down* (embora esse efeito seja bastante verosímil), e menos ainda a ideia de que ele se verifique automaticamente. A evolução da pobreza não é apenas uma consequência do crescimento económico, mas depende também da distribuição do rendimento e de como essa desigualdade varia ao longo do processo. Se o crescimento elevasse apenas os rendimentos no topo, os níveis de pobreza permaneceriam inalterados. Contudo, parece que, em geral, uma economia estagnada e esclerótica não beneficia os mais desfavorecidos e que, ao contrário, «o crescimento médio beneficia os pobres tanto quanto quaisquer outras pessoas na sociedade», pelo que as «políticas que promovam o crescimento devem estar no centro de qualquer estratégia eficaz de redução da pobreza»[15].

---

[14] Ver Cabral, *Introduction to Microeconomics*, *op. cit.*, p. 35.

[15] Cf. David Dollar e Aart Kray, «Growth is Good for the Poor», *Journal of Economic Growth*. Setembro de 2002, Volume 7, Issue 3, pp 195–225. Ver Roser e Ortiz-Ospina, «Income Inequality», *op. cit.*

A desigualdade importa?

No entanto, a concentração extrema e as desigualdades excessivas de riqueza, saúde e educação são também problemáticas, embora secundariamente face a eliminação da pobreza absoluta. Frequentemente, são percebidas como obscenas e indignas (e, por vezes, são mesmo). Debilitam a solidariedade cívica e política. Suscitam ressentimentos potencialmente perigosos, porquanto reflectem uma real desigualdade de atenção, «reconhecimento» e respeito. Promovem uma certa segregação residencial e educacional. E geram também indesejáveis desigualdades de acesso à justiça e de poder social e político.[16] Todavia, numa sociedade livre, em economia de mercado, a desigualdade económica e social é, de certo modo, «natural» (no sentido de espontânea) e não belisca necessariamente a igual dignidade de todas as pessoas humanas. As desigualdades são resultado de um jogo — um jogo «catalático», como diz Hayek — de liberdade, talento e sorte (o país onde nascemos e quem são os nossos pais, entre outros factores...), coisas que não é possível ou desejável suprimir (embora algumas das suas consequências possam, e devam, ser corrigidas). Essa desigualdade é inevitável — dado que temos personalidades distintas — e, até certo ponto, benigna, enquanto expressão legítima dessa diversidade e da liberdade individual, mesmo que, em parte, seja produto da «lotaria genética» e da «lotaria social», como dizia Rawls.[17]

Acresce que certas tendências da economia do século XXI acentuam essa desigualdade: nomeadamente, a ampliação da diferenças salariais entre as pessoas mais habilitadas e educadas e as que o são menos, uma

[16] Ver «Redistributing Respect», *in* Timothy Garton Ash, «The Future of Liberalism», *Prospect Magazine*, Janeiro/Fevereiro de 2021. Disponível em: https://www.prospectmagazine.co.uk/magazine/the-future-of-liberalism-brexit-trump-philosophy (2022/04/15).

[17] Contudo, numa perspectiva cristã, essa «lotaria» aparente é manifestação da providência de Deus, que distribui sabiamente os Seus dons (cf. Mt 25,14–30), e que de todos espera fruto, e do qual nos pedirá contas. Daí que, sobre o talento e fortuna daqueles que os auferem — sobre esses dons —, impende uma espécie de ónus ou hipoteca social: o usufruto dessas vantagens estará onerado por uma correlativa obrigação (moral) de serviço, pelo dever de procurar que esses dons redundem também em benefício dos menos dotados ou afortunados.

vez que os desenvolvimentos tecnológicos aumentaram desproporcionalmente a procura de trabalhadores muito qualificados (o que corresponde ao fenómeno de *skilled-biased technical change*); o crescimento do poder de mercado das grandes empresas (sob formas de oligopólio, monopólio ou monopsónio); e o «efeito *superstars*» (indivíduos, empresas, cidades e negócios extraordinariamente bem sucedidos, que marginalizam a concorrência).[18] Ao mesmo tempo, não dispomos de nenhuma fórmula que nos indique quanta desigualdade uma sociedade saudável pode tolerar, nem quanta igualdade uma sociedade saudável pode comportar (e financiar), sem que constitua uma camisa-de-forças que sufoque a liberdade e o dinamismo económico e, consequentemente, a minimização da pobreza absoluta.

Enfim, algumas desigualdades são justificáveis e razoáveis. Outras não o serão (embora não seja sempre claro o que é prudente fazer neste último caso). Todavia, de acordo com o que vimos acima, pode dizer-se que nas economias de mercado, pelo menos no longo prazo, se tem cumprido em geral o requisito exigido pelo «princípio da diferença» de Rawls[19] — as desigualdades justificar-se-iam na medida em que fossem vantajosas para os menos desfavorecidos — embora não da forma que Rawls propunha em «Uma Teoria da Justiça». Contudo, às vezes, o longo prazo pode ser demasiado longo...

«Há vida além do mercado»?

O sistema capitalista e os mecanismos do mercado — sob uma ordem jurídica de regras justas — favorecem a mais eficiente coordenação e afectação de recursos e energias humanas. Neste sentido, constituem uma condição necessária para visar o bem comum.[20] No entanto, por

[18] Ver Cabral, *Introduction to Microeconomics*, *op. cit.*, pp. 26 ss. e 437 ss., e Manyika *et al.*, «The Social Contract in the 21st Century», p. 36.

[19] Ver Rhonheimer, *Libertad Económica...*, pp. 275 ss. Para uma análise das objecções à relevância da desigualdade, numa perspectiva igualitarista e contratualista ver T. M. Scanlon, *Why Does Inequality Matter?*, Oxford University Press, 2018.

[20] Entre as abordagens recentes endossando a bondade deste sistema, vale a pena ver Angus Deaton, *The Great Escape: Health, Wealth, and the Origins of Inequality*, Princeton University Press, 2015; e Deirdre McCloskey, *Why Liberalism Works: How*

si só, não são condição suficiente para o garantir: os seus resultados não são necessariamente desejáveis, equitativos e justos, do ponto de vista moral, por muito eficientes que sejam. E mesmo que os resultados do «jogo cataláctico» do mercado não se possam dizer justos ou injustos, como pensava Hayek, porque não são intencionados por ninguém em particular, sempre são resultados produzidos no contexto de um quadro legal e institucional determinado, que — esse sim — é responsabilidade de alguém, e são resultados que, em si mesmos, podem ser injustos, na medida em que não respeitem as condições materiais e sociais exigidas pela dignidade devida a todas as pessoas.[21] Por outras palavras, a ordem económica liberal é uma parte indispensável do bem comum, e a eficiência é um critério necessário, mas «a totalidade da ordem social não pode ser compreendida apenas como um mercado, e o mercado não pode ser concebido como toda a sociedade. A ideia do mercado e da livre concorrência constitui um ideal de coordenação, mas ainda não é uma teoria completa da sociedade. Acresce que nem todas as necessidades e aspirações humanas são "mercadorizáveis"»[22]. Há bens — os mais importantes e valiosos da vida — que o dinheiro não pode (nem deve) comprar. E esses bens seriam degradados ou corrompidos se fossem mercadorizados ou contratados.[23] Além disso, «há pessoas que primeiro devem ser ajudadas para se tornarem participantes nas relações de mercado; e há outros que nunca serão capazes de o fazer»[24].

Assim, algumas vezes existirá um *trade-off* entre eficiência económica e equidade — ou entre as «forças do mercado» e a «justiça social» —, que deve ser resolvido a favor desta última. (Aliás, note-se que falamos

---

True Liberal Values Produce a Freer, More Equal, Prosperous World for All, Yale University Press, 2019.

[21] Ver Rhonheimer, *Libertad Económica...*, p. 264 ss. Ver Cabral, *Introduction to Microeconomics*, *op. cit.*, pp.428 ss.

[22] Cf. Martin Rhonheimer, «Capitalism, Free Market Economy, and the Common Good: The Role of the State in the Economy» *in* Martin Schlag e Juan Andrés Mercado (eds.), *Free Markets and the Culture of Common Good*, Springer, 2012, pp. 36 ss.

[23] Ver Michael J. Sandel, *What Money Can't Buy. The Moral Limits of Markets*, Nova Iorque: Farrar, Straus and Giroux, 2012, pp. 10–15.

[24] Cf. Martin Rhonheimer, «Capitalism, Free Market Economy, and the Common Good...», pp. 36 ss.

de liberdade económica «sob a lei», tendo presente a eventualidade de que «entre le fort et le faible, entre le riche et le pauvre, entre le maître et le serviteur, c'est la liberté qui opprime et la loi qui affranchit»[25], como frisava o liberal Lacordaire. Mas não uma lei sem liberdade...) Ao mesmo tempo, vale a pena sublinhar que o argumento primário a favor do liberalismo económico não é o da eficiência: o liberalismo económico corresponde antes a uma visão da sociedade baseada na autonomia, liberdade e responsabilidade individual, vistas como parte essencial do bem comum.[26] Dito isto, pode acrescentar-se também que se aquela eficiência for sistematicamente contrariada, através de intervenções estatais que distorçam consistentemente os sinais do mercado, o bem comum não será certamente favorecido.

Em qualquer caso, vale a pena recordar novamente «a advertência aristotélica quando à inexistência de regimes completos e perfeitos e quantos aos riscos (que impendem sobre os regimes realmente existentes) de degeneração, ou mesmo autodestruição, por efeito da hipertrofia (e depois hiperplasia) dos seus traços característicos e tendência dominante»[27] — que, no caso do liberalismo económico, poderão corresponder ao individualismo e à liberdade económica — quando afirmados unilateralmente. Como já foi dito por muitos amigos deste sistema, esses valores não serão auto-suficientes: precisam de *conversar* e de ser misturados com outros valores e outros aspectos do bem comum, de acordo com as circunstâncias. E as circunstâncias do nosso tempo sugerem uma nova atenção a algumas necessidades humanas talvez menosprezadas nas últimas décadas: a da identidade e sentido de comunidade nacional (de modo a equilibrar o universalismo, multiculturalismo e cosmopolitismo liberais); a da solidariedade (de modo a equilibrar um certo atomismo e a autonomia individual destemperada); e a da estabilidade, tradições, segurança e ordem pública (de modo a equilibrar a agressividade da «destruição criadora», da «aceleração digital» e, em geral, do frenesim do progresso e das inovações

---

[25] Henri Lacordaire, *Conférences de Notre-Dame de Paris*, tomo III, 52.ª conferência, 16 de Abril de 1848.

[26] Ver Rhonheimer, *ibidem*, pp. 37–38.

[27] Cf. Pedro Rosa Ferro, *Política, Ciência e Consciência*, Coimbra: Almedina, 2020, pp. 142–143.

sociais e tecnológicas).[28] Não se trata de pretender um «centrismo» apolítico e inócuo, que foge da escolha entre alternativas rivais. Mas, como Burke explicou, do mesmo modo que um navio que tem a carga perigosamente concentrada num dos lados exige que se contrabalance esse peso, para preservar o equilíbrio, assim o estadista deve utilizar meios diversos para garantir o mesmo fim, de acordo com os riscos relevantes do momento. A consistência em política pode requerer um enfâse maior num ou noutro ponto, em diferentes ocasiões, consoante as circunstâncias.[29]

Um novo «contrato social»?

Em qualquer caso, devemos sempre procurar melhorar o estado de coisas. E é aqui que se insere a questão da conveniência de um «novo contrato social». Apesar da retórica, os contornos e cláusulas desse novo contrato não são, em geral, muito definidos ou articulados. E, desde logo, ninguém terá jamais a verdade absoluta e definitiva sobre como se realiza, na prática, a «justiça social», por exemplo.

No entanto, algumas propostas, como a de Thomas Piketty, são bastante grandiloquentes e concretas — «superar» o capitalismo e a propriedade privada, rumo a um «novo socialismo, participativo e descentralizado, federal e democrático, ecológico, multi-racial e feminista»[30]... — embora, por razões já expostas, não pareçam particularmente auspiciosas. Outras, como a do secretário-geral da ONU, são igualmente ambiciosas e dirigistas mas, simultaneamente, vagas: «o Novo Contrato Social, entre governos, pessoas, sociedade civil,

[28] Ver Timothy Garton Ash, «The Future of Liberalism», *Prospect Magazine*, Janeiro/Fevereiro de 2021. Disponível em: https://www.prospectmagazine.co.uk/magazine/the-future-of-liberalism-brexit-trump-philosophy (2022/04/01).

[29] Cf. Edmund Burke, *Select Works of Edmund Burke*, Vol. 2, *Reflections on the Revolution in France* [1790], pp. 364–365.

[30] Cf. Thomas Piketty, *Time For Socialism, Dispatches from a World on Fire, 2016–2021*, Yale University Press, 2021, citado por D. N. McCloskey, «An Equal Music. The French Economist´s Vision of an Ideal Society», *TLS-Times Literary Supplement*, 6 de Maio de 2022, p. 12

empresas e outros, deve integrar emprego, desenvolvimento sustentável e protecção social, com base na igualdade de direitos e oportunidades para todos, rejeitando a desigualdade e divisão», unindo «a sociedade civil, o sector privado, cidades, regiões e outros no apoio a políticas para a paz, para o nosso planeta, para a justiça e direitos humanos para todos»[31]. Julgo que a orientação de fundo desta visão, se significa alguma coisa, é tão piedosa quanto obviamente perigosa: a «união» destes esforços só poderá ser feita, evidentemente, pela ONU, como autoridade mundial[32], ou então por um qualquer directório corporativo-plutocrático-oligárquico (como o composto, por exemplo, pelos «Davos Men» do *World Economic Forum*).

Mas há algumas ideias práticas que merecem atenção, embora não sejam propriamente novas, e não configurem um «novo contrato social», propriamente dito. Para Minouche Shafik, directora da London School of Economics, «a boa notícia [...] é que é possível um novo contrato social que satisfaça a necessidade de segurança e oportunidades das pessoas, ao mesmo tempo que enfrenta os desafios que afetam a sociedade como um todo»[33]. Este novo contrato social assentaria em três pilares: primeiro, todos os cidadãos deveriam ter acesso ao mínimo necessário para viver uma vida decente e digna, incluindo um pacote básico de cuidados de saúde, educação e protecção contra a pobreza na velhice, na medida do exequível; em segundo lugar, dever-se-ia procurar que todos possam contribuir e desenvolver-se tanto quanto puderem, e que tenham o máximo de oportunidades para o fazer; por último, o seguro contra muitos dos riscos referidos — como a doença ou o desemprego — seria obviamente mais eficiente se esses riscos fossem dispersos e partilhados por toda a sociedade (i.e., se esses

[31] Cf. António Guterres, «Tackling the Inequality Pandemic», *op. cit.*

[32] Recorde-se que a ortodoxia internacionalista (ou europeísta) tende a formular os seus objectivos nos termos de suas próprias interpretações dogmáticas dos direitos humanos ou da «justiça social», e a usar o direito internacional como um meio para alcançar resultados que foram ou seriam rejeitados pelos processos políticos democráticos nacionais. Ver Kenneth Anderson e David Rieff, «Global Civil Society: A Skeptical View», *Global Civil Society*, Londres: Sage Publications, 2005, p. 26; e Kenneth Minogue, «Transnational Interest», *American Outlook*, Primavera de 2000, p. 52.

[33] Cf. Minouche Shafik, «What We Owe Each Other», *op. cit.*

riscos fossem geridos pelo Estado), do que o seria se fossem suportados pelos indivíduos, famílias ou empregadores.[34]

Em síntese, o Estado deveria, por um lado, envolver-se ainda mais activamente na rede de segurança social, de modo a proteger os seus cidadãos de riscos que estes não podem controlar, como o desemprego, a pobreza ou a insuficiente poupança na reforma, entre outros. Haveria vários modos de prosseguir estes objectivos: indirectamente, por regulação estatal, ou directamente, através da adopção ou reforço de ideias como as do salário mínimo, imposto negativo, rendimento básico garantido, ou provisão pública de serviços básicos universais (como a saúde, habitação e segurança social). Também tem sido crescentemente sugerido que o financiamento da rede de segurança social seja feito através da tributação geral, em vez de estar associado ao trabalho agravando os encargos com pessoal das empresas (coisa que, na prática, prejudica a criação de emprego). Por outro lado, e noutra perspectiva, o Estado deveria constituir-se como um investidor nos seus cidadãos, sobretudo na sua educação (mas também na sua saúde), da primeira infância à maturidade (através de programas de requalificação ao longo do ciclo de vida). Nesta abordagem, o papel do Estado seria — mais do que oferecer um seguro contra os reveses da fortuna — ajudar os indivíduos a desenvolver as suas capacidades, apetrechando-se melhor para as mudanças futuras e para alcançar o tipo de vida que valorizam[35], em termos aproximados aos sugeridos por Amartya Sen.

Sem prejuízo das boas intenções e do que é aproveitável nessas propostas (que é muito), os inconvenientes e limites do alargamento da providência do Estado, «do berço ao túmulo», não são de desprezar. Não é só a sua difícil compatibilidade com os recursos públicos disponíveis (que, com franqueza, estão completamente exauridos)[36]. Sobretudo, essa solicitude paternalista alimenta mais ainda a dependência do Estado, o que é sempre perigoso, porquanto nos coloca no «trilho da

---

[34] Cf. Minouche Shafik, *What We Owe Each Other. A New Social Contract for a Better Society*, Princeton e Oxford: Princeton University Press, 2021, p. 26.

[35] Cf. Manyika et al., «The Social Contract in the 21st Century», p. 32.

[36] O endividamento público quer nos países avançados quer nos em vias de desenvolvimento atingiu níveis nunca antes vistos na história da humanidade, superiores aos dos períodos de guerra mundial.

servidão»; pode gerar incentivos perversos, premiando a irresponsabilidade face ao futuro e ao condicional e, no mesmo passo, ameaçando mais pobreza; e infantiliza os cidadãos, que tendem a entregar-se àquele «poder imenso e tutelar que se encarrega sozinho da organização dos seus prazeres e de velar pelo seu destino», evitando até, eventualmente, «o trabalho de pensar e a dificuldade de viver»[37]. Aliás, muitos dos «programas sociais» do último século tomaram o lugar, esvaziaram ou secaram os protagonistas «naturais» (de acordo com o princípio da subsidiariedade) dessas responsabilidades de providência e «redistribuição»: as famílias, em primeiro lugar, mas também as sociedades de ajuda mútua (como as *friendly societies* no Reino Unido, ou as *fraternal societies* nos EUA), comunidades de solidariedade organizadas em regime de cooperativa, estruturas de seguro privadas, etc.[38] Não é possível voltar atrás, nem sei se seria desejável; mas não tenho dúvidas de que não é prudente, nem favorável ao bem comum, embrenhar-se mais ainda nessa senda: o papel do Estado é essencial, mas catalisador e supletivo. Deve garantir o mínimo — o «chão comum» — a todos aqueles em que isso é necessário; e, ao mesmo tempo, potenciar a autonomia, liberdade, iniciativa, emancipação e responsabilidade das pessoas, das famílias, das comunidades locais e das instituições intermédias; sem pretender substituí-las.

«The hand that rocks the cradle is the hand that rules the world»[39]

«O que foi que quebrou o contrato social?» Segundo Minouche Shafik, a resposta certa é: «a tecnologia [que revolucionou o trabalho] e a mudança do papel das mulheres»[40] na sociedade: actualmente, metade das mulheres do mundo estão empregadas, e a tendência é

---

[37] Cf. Alexis de Tocqueville, *Da Democracia na América* [*De la démocratie en Amérique*, 1848], Cascais: Principia, 2001, II–IV.vi, pp. 837.

[38] Cf. Rhonheimer, *Libertad Económica...*, pp. 94 ss. Ver também McCloskey, «An Equal Music...», *op. cit.*, p. 12: «quando, em 1911, o Reino Unido introduziu o seguro social de desemprego, 9 milhões dos 11 milhões de beneficiários já estavam cobertos por seguros sindicais ou outros».

[39] Cf. William Ross Wallace, *What Rules the World*, 1865.

[40] Cf. Minouche Shafik, *What We Owe Each Other...*, p. 18.

crescente e transversal. Ora, a entrada de mulheres cada vez mais instruídas no mercado de trabalho — ao mesmo tempo que beneficiou muitíssimo a economia — prejudicou a sua disponibilidade tradicional para cuidar gratuitamente de crianças e anciãos.

Podemos talvez matizar e enriquecer aquela resposta: para além do impacto da tecnologia no mundo do trabalho, foram a evolução demográfica (nomeadamente, o envelhecimento da população e a maior esperança de vida) e a depleção da ecologia humana (i.e., da família natural alargada), entre outras razões menores, que pressionaram e transtornaram a vida social nas últimas décadas. Nas economias avançadas entre um terço e metade dos casamentos terminam em divórcio; na maioria dos países em desenvolvimento as taxas de divórcio, embora menores, são crescentes; cada vez há menos casamentos, proporcionalmente, e mais parcerias informais; e cada vez nascem mais filhos, proporcionalmente, fora do casamento.[41] Há muito tempo que se sabe que tudo isto influi pesada e negativamente no rendimento, saúde, educação, desenvolvimento e empregabilidade das crianças afectadas (e também na vida, segurança e amparo dos pais e avós...) sobretudo das mais pobres, agravando as desigualdades e contribuindo para o mal-estar social. E não estou a ver nenhum «novo contrato social» capaz de resolver esta situação desastrosa — cuja raiz se encontra antes na cultura moral da sociedade —, a não ser que se pretenda que o Estado tome de conta, de uma vez por todas, da vida das pessoas, agora desagregadas, atomizadas, e amputadas dos mais básicos e significativos vínculos naturais.[42]

---

[41] Cf. Shafik, ibidem, pp.18–19. Shafik não parece muito preocupada com esta situação, tomando-a quase como um «facto da natureza». Além do mais, ela não gosta muito do princípio da subsidiariedade.

[42] Ver Mary Ann Glendon, «John Paul II's Challenges to the Social Sciences. Initial Responses of the Pontifical Academy of Social Sciences», *Journal of Markets & Morality*, Volume 10, n.º 2 (Outono de 2007), pp. 266–267: «Those changes [that were transforming economic life and family relations everywhere in the late twentieth century] not only impaired the family's ability to nurture and educate children but also its centuries-old role as a support institution for its dependent members. Moreover, the transformation of family life was affecting all the other structures of civil society—neighborhoods, schools, parishes, and so on. In a vicious cycle, the mediating institutions could no longer count on families and thus were less able to serve as resources for

Por outro lado, sabe-se que a família dita tradicional — a família natural — é a primeira e fundamental estrutura da referida «ecologia humana». A família é o primeiro «pequeno pelotão a que pertencemos na sociedade», e a sua solidez «é o primeiro princípio (o germe por assim dizer) das afeições públicas», como dizia Burke.[43] Nela a pessoa recebe as primeiras e determinantes noções acerca da verdade e do bem, aprende o que significa amar e ser incondicionalmente amado e, consequentemente, o que quer dizer, em concreto, ser uma pessoa. A este propósito, vale a pena revisitar duas «experiências naturais» paralelas, fornecidas pela divisão política, ideológica e institucional, no final da Segunda Guerra Mundial, entre as duas Alemanhas. O Muro de Berlim separou populações que, até então, partilhavam uma mesma língua, cultura, valores, dinamismo industrial (as empresas na Saxónia e na Turíngia eram líderes mundiais na produção de automóveis e aeronaves, produtos químicos, equipamentos ópticos e engenharia de precisão...) e idênticos padrões de vida. Depois da guerra, a Alemanha ocidental (RFA) manteve o sistema capitalista, enquanto a oriental (RDA) adoptou o sistema comunista de planeamento central, eliminando, quase por completo, a propriedade privada e os mercados concorrenciais. Em 1958, o Partido Comunista da Alemanha de leste previa que o bem-estar material do seu país excederia, em 1961, o nível da sua irmã do lado ocidental.

Sabemos o que aconteceu: quando caiu o Muro, em 1989, o PIB *per capita* da RDA era menos de metade do da RFA.[44] Entretanto, essa experiência comunista foi replicada no domínio da política familiar. Na Alemanha oriental, o Estado quis ser ele próprio a «embalar o berço» (como acontece em todos os sistemas totalitários), «libertando» as mães desse encargo. No final dos anos 1980, a RDA «tinha a maior

---

families. To make matters worse, the benevolent aim of the welfare state to free individuals from much of their dependence on families, and to relieve families from some of their responsibilities for their weaker members, often aggravated the very situations it was meant to help. As John Paul II observed, "the individual today is often suffocated between the two poles represented by the State and the marketplace" (CA, 49).»

[43] Cf. Edmund Burke, *Select Works of Edmund Burke*, Vol. 2, *Reflections on the Revolution in France* [1790], Indianapolis, Liberty Fund, 1999, p. 136.

[44] Cf. The CORE team, *The Economy*, «1.9 Capitalism, Causation and History's Hockey Stick», Disponível em: https://core-econ.org/the-economy/ (2022/06/16)

taxa de cuidados pré-escolares públicos no mundo. Cerca de 70% dos bebés até à idade de 3 anos estava inserida em creches formais, e quase todas as crianças de 3 a 6 anos estavam aí matriculadas. A política governamental estava focada em levar as mães de volta ao trabalho, rapidamente. Daí que a licença parental fosse curta e que a creche pública fosse vasta e gratuita.»[45] Em contraste, a Alemanha ocidental manteve uma abordagem mais tradicional: «os direitos de licença parental eram mais longos [...], as creches subsidiadas pelo Estado eram poucas, e a tributação conjunta dos casais desincentivava as mães de trabalhar. De acordo com o princípio da subsidiariedade, a responsabilidade pelos serviços sociais foi atribuída ao nível mais local, num sistema federal descentralizado, o que reforçava esta abordagem. As famílias tinham precedência sobre a provisão pública, as instituições de caridade tinham precedência sobre o Estado, e a provisão local foi preferida à do governo central.»[46] Como resultado, a norma na RFA era que as mães ficavam em casa para cuidar dos seus filhos, prática muito «politicamente incorrecta», que ainda hoje é escarnecida.[47]

Cada um poderá tirar as suas ilações destas duas experiências, dos seus resultados e da correlacão entre elas. O que está claro é que a família tem externalidades positivas, contribui de modo único e insubstituível para o bem da sociedade, e que a política familiar quanto à primeira infância não é indiferente.[48] Idealmente, o Estado deveria pro-

---

[45] Cf. Shafik, *What We Owe Each Other*, p. 29.

[46] *Ibidem*, p. 30.

[47] As mulheres alemãs são ainda caracterizadas, zombeteiramente, por centrarem as suas vidas nos 3 K: *Kirche*, *Kinder*, *Küche*.

[48] «Psychologists agree that the first months of a child's life are crucial for brain and emotional development. Delaying a mother's return to work allows breastfeeding to continue for longer and for more parent–child interactions during this critical phase. Research has also found some association between mothers' early return to work and poorer academic achievement in early childhood.» «Recent research shows how important the first 1000 days of life are for a child's cognitive development and their ability to learn. It is during this period — before the age of 3 — when brain development is highly influenced by nutrition, mental stimulation and social and emotional development, that the foundations for learning are laid. The importance of this time has been shown in numerous studies that look at children who have been deprived of opportunities from birth – for example, those raised in orphanages relative to those raised by families.» Cf. Shafik, *What We Owe Each Other*, p. 42 ss. e 57 ss.

mover a liberdade de escolha das mães (e também dos pais, embora as respectivas funções não sejam fungíveis) na gestão da conciliação entre a vida profissional e a familiar e, simultaneamente, favorecer o melhor começo de vida para as crianças. A discussão das políticas públicas alternativas sobre esta matéria está fora do perímetro deste ensaio. Neste momento, gostaria apenas de repescar a ideia de que os cuidados infantis — e, em geral, o cuidado do lar — não podem talvez continuar a ser trabalho não remunerado, mas devem tornar-se parte essencial da infra-estrutura social (para aqueles em que isso é preciso), uma vez que são de interesse público.[49] Esta solução tem os seus problemas operacionais e políticos (também porque essa remuneração não poderá deixar de ser subsidiada pelo Estado, mais uma vez) mas é sem dúvida preferível, porque mais liberal e concorde com o princípio da subsidiariedade, à subcontratação — também com financiamento público — desses cuidados, através da «institucionalização» dos bebés (bem como, no outro extremo do arco da vida, das pessoas mais velhas e já desvalidas).

«Cultura moral» vs. «mudanças estruturais». Conclusão

De qualquer modo, este caso — o da política familiar — ilustra a inter-relação entre o «contrato social» e o «capital social»: entre as leis e instituições, por um lado, e as fibras éticas dos cidadãos e as suas solidariedades básicas, por outro. Como sublinharam Burke ou Tocqueville, uma sociedade livre só será sustentável quando temperada pelos valores, virtudes, autodomínio e sentido de responsabilidade dos seus membros. Se não o for, e se a família se dissolver, não haverá comunidades políticas «inclusivas», e terá de ser o Estado a «educar», cuidar e «mudar as mentalidades» dos cidadãos (com os riscos insuportáveis que isso implica), para evitar a anomia e viabilizar a cooperação social. Por outras palavras, a «patologia social» e a «patologia moral» serão função recíproca uma da outra.[50] É talvez este o fundo da verdade das

---

[49] *Ibidem*, p. 30.

[50] Ver Gertrude Himmelfarb, *The De-moralization of Society: From Victorian Virtues to Modern Values*, Nova Iorque: Vintage Books, 1996, pp. 221 ss, p. 234 e

palavras de Jiang Shigong, referidas na Introdução deste livro, sobre a «decadência e niilismo» ocidentais, embora nem o seu diagnóstico, e muito menos a sua terapia — que consiste em suprimir a liberdade — ajudem muito.

Dir-se-á que o mundo não pode ficar à espera, nem à mercê, da verificação da hipótese improvável de que a maioria das pessoas exercite aquelas louváveis qualidades. E que os arranjos institucionais se estabelecem, em parte, precisamente para suprir ou prevenir a carência ou insuficiência daquelas. Por outro lado, as circunstâncias mudam, e com elas devem mudar também as abordagens institucionais às novas questões sociais. Recorde-se, outra vez: «todos devemos obedecer à grande lei da mudança. É a lei mais poderosa da natureza, e talvez o meio da sua conservação.»[51] Isto é verdade. Contudo, é apenas metade da verdade. A insistência unilateral na necessidade de um qualquer «novo contrato social» — ou de «mudanças estruturais» — manifesta a ilusão positivista de que todos os problemas seriam resolúveis ao nível técnico ou institucional, esquecendo as pessoas que vão lidar com eles, e prescindindo de uma cultura moral saudável, bem como a ilusão de que podemos almejar soluções perfeitas, sob a tutela do Estado. Ora, como alguém disse, «em política, não há "soluções", há apenas *trade-offs* prudenciais». Daí a bondade de um melhorismo *piecemeal*, tentativo, experimental, gradual, tecido de reformas e ajustamentos, e não tanto de descontinuidades estruturais, de inéditos modelos políticos, económicos e sociais, ou de um «novo contrato social». Ao mesmo tempo, «o recto estado das coisas humanas, o bem-estar moral do mundo não pode jamais ser garantido simplesmente mediante as estruturas, por mais válidas que estas sejam. Tais estruturas são não só importantes, mas necessárias; todavia, não podem nem devem impedir a liberdade do homem. Inclusivamente, as melhores estruturas só funcionam se numa comunidade subsistem convicções que sejam capazes de motivar os

---

p. 243; e *One Nation, Two Cultures: A Searching Examination of American Society in the Aftermath of Our Cultural Revolution*, Nova Iorque: Alfred A. Knopf, 2001, pp. 25–26, 122–123 e 127–128.

[51] Cf. Edmund Burke, «A Letter to Sir Hercules Langrishe on the Catholics of Ireland» [1792], in *Select Works of Edmund Burke*, Vol. 4, *Miscellaneous Writings*, Indianapolis: Liberty Fund, 1999, p. 247.

homens para uma livre adesão ao ordenamento comunitário. [Enfim], a liberdade necessita de uma convicção; e esta não existe por si mesma, mas deve ser sempre novamente conquistada.»[52]

Aliás, o gosto pela reforma deve ir sempre a par do gosto pela liberdade. Tocqueville, precisamente na secção sobre «Comment les Français ont voulu des reformes avant de vouloir des libertés», em *L'Ancien Régime et la Révolution*, lamentou o pouco amor à liberdade política e o absolutismo centralista e estatista dos seus compatriotas pré-revolucionários: não apenas Voltaire (cujos três anos de estadia em Inglaterra «fizeram ver a liberdade sem o fazer amá-la»); mas também os *économistes* como Quesnay (para quem «o sistema de contrapesos num governo é uma ideia funesta»); Mercier de la Rivière (para quem «é preciso que o Estado governe segundo as regras da ordem essencial e, quando assim for, deve ser todo-poderoso»); *l'abbé* Bodeau (segundo o qual «o Estado faz com os homens tudo o que quiser», o que seria positivo...); e mesmo Turgot (para quem um Estado educador e ilustrado seria capaz de tornar a nação felizmente irreconhecível em dez anos...).[53] O modelo de governo para estes homens, diz Tocqueville, é o da China de então, esse «governo imbecil e bárbaro».[54] Como sabemos a Revolução acentuou esta mentalidade superestadista, tal como Napoleão, depois. E Emmanuel Macron é ainda um fiel herdeiro desta tradição, cuja profunda influência na Europa continental impregna ainda as ideias dominantes sobre a relação entre as pessoas, a sociedade e o Estado.

Ao contrário de Minouche Shafik (que começa o seu livro afirmando que «society is everything»[55]), Margaret Thatcher disse, famosamente, que «there is no such thing as society»: «existem homens e mulheres individuais e existem famílias. E nenhum governo pode fazer nada excetpo através das pessoas, e as pessoas devem cuidar de si mesmas, primeiro. É nosso dever cuidar de nós mesmos e depois cuidar também dos nossos vizinhos.»[56] Dentro do contexto, há uma parcela de verdade

---

[52] Cf. Bento XVI, *Spe Salvi*, 24.

[53] Cf. Alexis de Tocqueville, *Oeuvres Complètes*, Vol. 4, *L'Ancien Régime et la Révolution*, Paris: Michel Lévy Frères, Libraires Éditeurs, 1866, pp. 233–240.

[54] *Ibidem*, p. 241.

[55] Cf. Shafik, *What We Owe Each Other*, pp. 1 e 15.

[56] Cf. Margaret Thatcher em entrevista com Douglas Keay, «Aids, Education and the Year 2000", *Women's Own*, 31 de Outubro de 1987, pp. 8–10.

em ambas as proclamações (embora Shafik seja ambígua quanto à distinção fundamental entre Estado e sociedade civil, e despreze os *little platoons*). Em qualquer caso, «a sociedade não é tudo»: «o caminho para sair de um ciclo social vicioso começa com o reconhecimento de que os seres humanos não estão desamparadamente encurralados dentro das instituições. Os seres humanos são capazes de reflectir sobre sua existência e de fazer juízos sobre o tipo de sociedade que desejam deixar para os seus filhos e para as gerações futuras. É claro que esses juízos podem ser poderosamente influenciados pelas configurações em que nos encontramos, mas essas configurações, por sua vez, podem ser influenciadas até certo ponto pela reflexão e escolha.»[57]

[57] Cf. Mary Ann Glendon, «John Paul II's Challenges to the Social Sciences...», p. 274.

A «CASA DIVIDIDA CONTRA SI MESMA» E O FIM DA TOLERÂNCIA*

I tremble for my country when I reflect that God is just: that his justice cannot sleep for ever.

Thomas Jefferson (*Notes on the State of Virginia*)

Em 16 de junho de 1858, em Springfield, Illinois, aquando da sua nomeação como candidato a senador pelo Partido Republicano, Abraham Lincoln pronunciou aquele que ficou conhecido como o «Discurso da Casa Dividida», pela alusão à sentença de Jesus — «a house divided against itself cannot stand», lembrou Lincoln, no preâmbulo desse discurso — recolhida, com pequenas variantes, nos três evangelhos sinópticos.[1] A nação americana não poderia subsistir lacerada por uma divergência tão radical e visceral como a que existia, ao tempo, no tocante à escravatura: «this government cannot endure, permanently, half slave and half free»*;* «it will become all one thing or all the other»[2]. Das duas, uma: ou esse diferendo desembocaria na divisão política, acabando com a União; ou prevaleceria um dos lados. E o triunfo da metade esclavagista (se acontecesse) acabaria com a

* Versão revista e desenvolvida de ensaio publicado na *Nova Cidadania*, n.º 76, Jan/Fev. 2022, pp. 40–47.

[1] «Toda a cidade ou família dividida contra si mesma não subsistirá» (Mt 12, 25); «Se uma casa está dividida contra si mesma, tal casa não pode subsistir» (Mc 3, 25); «Todo o reino dividido contra si mesmo será devastado, e cairá casa sobre casa» (Lc 11,17).

[2] Cf. Abraham Lincoln, *House Divided Speech*, Springfield, Illinois, 16 de Junho de 1858.

igualdade e liberdade republicanas, prometidas — mas ainda não integralmente cumpridas — na Declaração de Independência[3], aniquilando a própria alma dessa independência e dessa união.

Em *Crisis of the House Divided* e *A New Birth of Freedom*, Harry Jaffa analisou profundamente o combate retórico, constitucional e político de Lincoln em defesa da sua causa, no período *antebellum*, e o seu desenlace na guerra civil americana.[4] Simplificando muito, a posição central de Haffa é a seguinte. A «crise da casa dividida» — que precedeu a secessão e o conflito armado — foi uma crise política, moral, intelectual e espiritual. Na base da constituição da nação americana, encontrava-se o reconhecimento de certas verdades imutáveis e universais sobre a natureza e condição humanas — nomeadamente, a de que todos os homens são criados iguais e dotados de um direito natural e inalienável à vida, à liberdade e à busca da felicidade —, bem como a convicção de que os governos derivam os seus justos poderes do consentimento dos governados (sendo que a segunda proposição dependeria da primeira). Estes princípios estiveram em crise e perigo no tempo de Lincoln e foram resgatados em grande parte por ele, antes, durante e depois da guerra. O debate entre Lincoln e Stephen Douglas ecoaria, de algum modo, o diálogo entre Sócrates e Trasímaco, na *República*: para Douglas, que esgrimia a favor da «soberania popular» estadual, a justiça seria o direito

---

[3] «The authors of that notable instrument [...] defined with tolerable distinctness, in what respects they did consider all men crated equal – equal in "certain inalienable rights, among which are life, liberty, and the pursuit of happiness." This they said, and this meant. They did not mean to assert the obvious untruth, that all were then actually enjoying that equality, nor yet, that they were about to confer it immediately upon them. In fact they had no power to confer such a boon. They meant simply to declare the right, so that the enforcement of it might follow as fast circumstances should permit. They meant to set up a standard maxim for free society, which should be familiar to all, and revered by all; constantly looked to, constantly labored for, and even though never perfectly attained, constantly approximated, and thereby constantly spreading and deepening its influence, and augmenting the happiness and value of life to all people of all colors everywhere.» Cf. Abraham Lincoln, Discurso em Springfield, 26 de Junho de 1857.

[4] Cf. Harry V. Jaffa, *Crisis of the House Divided: An Interpretation of the Issues in the Lincoln-Douglas Debates* [1959], The University of Chicago Press, 1982; e *A New Birth of Freedom: Abraham Lincoln and the Coming of the Civil War*, Rowman & Littlefield, 2000.

— a conveniência — do mais forte (no caso vertente, o da a maioria política); para Lincoln, o argumento favorável à democracia não seria justificável apenas pela contagem de cabeças e exigia um padrão de justiça substancial independente da mera opinião, ainda que maioritária. Qualquer povo que admitisse a escravatura entre as suas instituições abdicaria, *ipso facto*, dos seus próprios direitos. Se uma maioria pudesse — moral e razoavelmente — escravizar uma minoria, qualquer que fosse a sua cor ou composição, não haveria nenhum princípio que a inibisse de escravizar sucessivamente outras minorias, e nada que a impedisse de vir a ser, ela própria, por sua vez, escravizada, quando (e se) passasse a ser minoria. A ideia de soberania popular divorciada de uma concepção universal de direito e justiça seria absurda e contraditória. Por fim, segundo Jaffa, aqueles princípios fundamentais e fundadores teriam voltado nos dias de hoje (cem anos depois...) a estar em risco, por efeito da rejeição contemporânea do direito natural e do correlativo abraço ao relativismo, historicismo e positivismo, que entretanto se teriam tornado preponderantes na academia e nos tribunais.[5]

Concordar em discordar?

A personalidade, desempenho e legado políticos de Lincoln são controversos, tal como o são a leitura e interpretação de Jaffa.[6] Tenho admiração pelo primeiro, alguma simpatia intelectual pelo segundo, e respeito por ambos, mas o objectivo deste ensaio não é participar

---

[5] Cf. Jaffa, *Crisis of the House Divided*, pp. v, 2, 9 e 349. Ver George McKenna, «A New Birth of Freedom: Abraham Lincoln and the Coming of the Civil War», *First Things*, Março de 2001. Disponível em: https://www.firstthings.com/article/2001/03/a--new-birth-of-freedom-abraham-lincoln-and-the-coming-of-the-civil-war (2021/03/14).

[6] Harry Jaffa admite essa controvérsia historiográfica em *Crisis of the House Divided*, pp. 7 e 8. Por outro lado, do ponto de vista do pensamento político, tem sido criticada a sua colocação de Aristóteles (cujo esclavagismo o straussiano Haffa se esforça por matizar, se não mesmo rebater), Locke e Jefferson, no mesmo saco, ao lado de Lincoln, esfumando a distinção straussiana entre o direito natural clássico e o moderno. Também tem sido discutida a proeminência concedida por Jaffa (e por Lincoln) à Declaração de Independência relativamente à Constituição («an apple of gold» vs. «the picture of silver», referidas por Lincoln numa nota pessoal de 1861). Para uma

nesse debate historiográfico (assunto para o qual não sou competente). Antes, o meu propósito agora é descortinar possíveis ilações dessa polémica (partindo dos termos gerais em que Jaffa a coloca), para o nosso tempo, no que respeita à funcionalidade e eticidade políticas da latitude do dissenso moral.

Para tratar do problema da discrepância sobre a moralidade da escravatura, no seio da União, a solução de Stephen Douglas era assaz *liberal* (em sentido americano) e, poder-se-ia dizer, *pro-choice*: cada Estado decidiria autónoma e democraticamente o que fazer. Seria uma «questão de consciência» de cada Estado, no qual a União não se deveria imiscuir sob risco de provocar a secessão e a guerra (como, aliás, veio a acontecer). E, nos Estados esclavagistas, ninguém seria obrigado a escravizar ou a não escravizar. Os americanos deveriam, serena e civilizadamente, «concordar em discordar» quanto à escravatura, evitando que alguns pudessem «impor aos outros a sua moral». Mas, para Lincoln, essa «liberdade de escolha» e esse «pluralismo» não eram satisfatórios ou razoáveis. Para ele, a aceitação institucional da escravatura era já, em si mesma, uma «questão fracturante», que feria e rasgava profundamente a sociedade americana (e mesmo qualquer sociedade decente) de modo incompatível com a sua sobrevivência como comunidade política, porquanto socavava os seus próprios e mais basilares alicerces.

Como é sabido, a democracia liberal admite um certo conflito e um amplo pluralismo moral e existencial, e dispõe de mecanismos para os acomodar pacificamente, considerando a justiça processual e o processo político democrático como instâncias de legitimação. Todavia, segundo Jaffa, esse pluralismo e dissenso não podem ser ilimitados, nem indiscriminadamente «multiculturais». A ideia de que uma qualquer sociedade pode subsistir sem consenso geral sobre um núcleo de valores fundamentais seria uma ilusão, mormente nas sociedades democráticas, em que as convicções e sentimentos populares penetram

visão sucinta sobre o assunto, ver Thomas G. West, «Jaffa versus Mansfield: Does America Have a Constitutional or a "Declaration of Independence" Soul?», *Perspectives on Political Science*, Outono de 2002, Volume 31, n.º 4, pp. 235–246; Allen C. Guelzo, «Apple of Gold in a Picture of Silver: The Constitution and Liberty», in Gabor Boritt (ed.), *The Lincoln Enigma: The Changing Faces of an American Icon*, Nova Iorque: Oxford University Press, 2001, pp. 86–107; e George McKenna, «A New Birth of Freedom: Abraham Lincoln and the Coming of the Civil War», *First Things*, *op. cit.*

naturalmente a governação. Qualquer «acordo no desacordo» pressupõe uma concordância prévia relativamente ao desacordo que não pode ser tolerado. Podemos presumir que, na opinião de Lincoln, a partir do momento em que o povo americano concordasse em discordar sobre o princípio da igual dignidade de todos os seres humanos, esse povo deixaria de constituir uma nação, e menos ainda a nação livre e justa prenunciada na Declaração de Independência.[7]

«Questões fracturantes»...

Nestes termos, o desacordo insanável — a «casa dividida» — seria apenas a primeira parte do problema. Como vimos, Jaffa associa no mesmo argumento quer a inviabilidade de uma sociedade profundamente fracturada, quer a impraticabilidade da absoluta neutralidade moral do Estado. Não afirma — embora pudesse fazê-lo — que essa neutralidade seja impossível (de facto, só seria razoável excluir a questão da moralidade da escravatura no pressuposto de que ela não era um mal moral). Afirma, sim, que ela seria prejudicial, porque uma sociedade funcional exigiria aquele módico de coesão que só um *ethos* partilhado e integrador, ainda que limitado às questões fundamentais, poderia conferir. Mas o problema tem uma segunda parte: não serviria um qualquer *ethos*, nem uma qualquer funcionalidade. De facto, a ordem e paz social poderiam também sustentar-se, pelo menos no curto prazo, sobre uma moral pública — socialmente predominante — corrompida e perversa. E talvez Lincoln e Jaffa pensassem que a coesão e preservação da União, em torno da concordância geral sobre a neutralidade moral da escravatura, se isso fosse possível, não valiam a pena. A coesão social é obviamente uma questão do mais importante interesse público. Mas coisa diferente é supor que o bem da união da sociedade ultrapassa incondicionalmente qualquer outro bem e, portanto, que essa coesão pode ser legitimamente procurada a qualquer preço.[8]

---

[7] Cf. Jaffa, *Crisis of the House Divided*, pp. 334, 335.

[8] Ver Robert P. George, «Social Cohesion and the Legal Enforcement of Morals: A Reconsideration of the Hart-Devlin Debate», in *Making Men Moral: Civil Liberties and Public Morality*, Oxford: Clarendon Press, 1995, pp. 48 ss.

Ao contrário, a legitimidade dos meios adoptados por uma sociedade para preservar a sua unidade parece depender quer da qualidade moral prévia dessa sociedade — de quão humana, nobre e justa é ela — quer das medidas concretas que ela tome para esse fim.[9] Por outras palavras, a preocupação pela coesão social não é fundamento legítimo para a imposição de uma moralidade vista como constitutiva da sociedade, de modo independente da bondade ou maldade dessa moralidade.[10] As «questões fracturantes» — e a erosão da moralidade dominante — não são más, necessariamente, por serem fracturantes. São más quando estilhaçam algo bom, como é um acordo social sobre aquele mínimo de valores morais *verdadeiros* ao redor dos quais os cidadãos se integram, constituindo uma sociedade decente. Quando o consenso moral é corrupto, essa fractura poderá ser bem-vinda.

Se for assim, e generalizando argumento, a questão que enfrentariam as sociedades liberais não é apenas a de quão mínima pode (ou deve) ser a sua «teoria moral» sobre a pessoa humana, mas também a de qual deve ser essa restrita teoria. Ou, por outras palavras, quais os assuntos em que se requer uniformidade — em que não pode haver «acordo no desacordo» — e aqueles em que o desacordo é tolerável, razoável, ou desejável.

«Choque de ortodoxias»

Obviamente, a política é sempre discutível e, de algum modo, facciosa. Cidadãos e políticos tomam partido e esgrimem argumentos, defendendo ideias, valores e interesses diferentes (e até opostos) na praça pública, em nome do bem comum. Cada opinião partidária é parcialmente verdadeira e promove o que é justo, bom e nobre, do seu ponto de vista. E, de algum modo, a defesa desses ideais partidários conflui efectivamente no bem do todo, quando se almeja um acordo equilibrado sobre o bem comum (embora não um consenso final

[9] Cf. H. L. A. Hart, *Law, Liberty, and Morality*, Oxford University Press, 1963, p. 19.

[10] Ver Robert George, «Social Cohesion and the Legal Enforcement of Morals», *op. cit.*, pp. 48 ss.

absoluto, livre da disputa entre valores). Em geral, tudo isto é razoável e salutar: a contraposição de razões e a necessidade de conversação e negociação podem favorecer o alargamento e aprofundamento de perspectivas, maior imaginação e rigor na procura de soluções, e mais racionalidade e prudência na deliberação; e podem suscitar maior equilíbrio, autocorrecção e moderação. No entanto, nos últimos tempos, essa conversação civilizada entre pontos de vista, valores e interesses rivais parece ter-se convertido num diálogo de surdos, cada vez mais polarizado, crispado e intransigente.

Haverá várias razões para que seja assim. Sabemos, por exemplo, que as formas actuais de mediatização do debate ideológico contribuem para essa exacerbação e tribalismo, na medida em que desconectam e segregam as pessoas com opiniões diferentes, e confirmam, afunilam e radicalizam os eventuais preconceitos de cada parte, alimentando uma recíproca e figadal hostilidade. Contudo, julgo que essa incomunicabilidade resulta sobretudo de boas (no sentido de ponderosas e estruturais) razões, não meramente conjunturais. A verdade é que há, no seio das nossas democracias mais ou menos liberais, uma colisão, um «choque de ortodoxias»[11], entre a cosmovisão judaico-cristã e o secularismo *liberal* (como já vimos atrás). Essa conflagração desencadeou-se com a cavalgada *progressista*, desde há cinquenta ou sessenta anos para cá: da liberalização do aborto à eutanásia, passando pela institucionalização do «casamento» entre pessoas do mesmo sexo, e culminando (até ver...) na fúria da «ideologia de género» e na febre do transgenerismo, como episódios mais marcantes.[12] Na origem desta polaridade, encontram-se — entre outras razões, certamente — a revolta (e mesmo raiva) *moderna* contra natureza, nomeadamente, contra a natureza humana (e, particularmente, contra a sua corporeidade) no que tem de valor normativo, de acordo com a razão; bem como o sonho (ou

---

[11] Ver Robert P. George, *The Clash of Orthodoxies*, ISI Books, 2008.

[12] Como se sabe, em Junho de 2022, o Supremo Tribunal dos EUA contrariou esta tendência, revogando o «direito constitucional ao aborto», e devolvendo o assunto à arena política. Com bastante descaramento, esta decisão foi apodada pelos defensores desse «direito» como sendo um exemplo de «activismo judicial», quando foi precisamente o contrário: foi um exercício de abstenção do poder judicial, julgando não haver fundamento na Constituição para assentar quer a constitucionalidade quer a inconstitucionalidade desse «direito».

pesadelo) de um mundo pós-humano ou transumano. Ora, grande parte das nossas obrigações político-morais surge do reconhecimento dos outros como seres humanos, iguais a nós, com a mesma dignidade (humana). Sendo assim, como se pode discutir razoavelmente aquilo a que tem direito uma pessoa (o que lhe é devido, como pessoa humana) e qual é o seu dever, se não há um entendimento mínimo sobre o que é um ser humano, ou se a concepção de natureza humana — a nossa comum humanidade — for esvaziada de qualquer implicação moral? E, nesse caso, como se pode conversar sobre o valor da vida (humana), ou sobre a cidadania, liberdade, igualdade e justiça? E como se pode debater a relevância pública do casamento e da família (que constitui um dos pilares de uma sociedade decente), se não se assenta sobre o que é um homem e o que é uma mulher, ou se não se distingue entre os dois? Aparentemente, já não falamos a mesma língua, não utilizamos a mesma gramática. Estamos numa «casa dividida».

Afinal, quem (não) tolera o quê?

Assim, não admira que o centro político esteja a ficar vazio e que a confrontação política e ideológica contemporânea se assemelhe a uma «guerra civil realizada por outros meios»[13] (melhor assim, apesar de tudo...). E, para ser franco, o *establishment* secularista *liberal* parece estar a ganhar terreno. Apoiado pelas *Big Tech*, e por bilionários «*awake*» como George Soros, sob pressão de uma ubíqua máquina de propaganda e controlo de opinião, está em curso um programa global de *reeducação* na nova cartilha *liberal*, a começar pela doutrinação estatal das crianças desde a mais tenra infância (sob a capa de formação na «cidadania», por hipótese), à revelia dos seus pais. Como vimos atrás, os recalcitrantes são vilipendiados nas redes sociais, banidos da ciber-esfera e, entretanto, silenciados, despedidos, «cancelados» ou desconvidados, processados judicialmente e condenados como heterodoxos, fazendo lembrar a «revolução cultural».[14] Instituições rebeldes

---

[13] Cf. Alasdair MacIntyre, *After Virtue*, University of Notre Dame Press, 1984, p. 253.

[14] Cf. Niall Ferguson, «The China Model: Why Is the West imitating Beijing?», *The Spectator*, 8 de Maio de 2021: «There is a kind of low-level totalitarianism detectable

(como já foram os Escuteiros e agora são as Irmãzinhas dos Pobres, nos EUA, por exemplo), são acossadas, desmanteladas, desfinanciadas e descontratadas. «Na Irlanda, os hospitais católicos agora são obrigados a realizar abortos [...]. Em França, uma pessoa pode ser presa por dois anos por tentar persuadir uma mulher grávida a não fazer um aborto. No Canadá, a recusa em endossar e defender a "loucura metafísica" da nova linguagem de autoidentificação humana que acompanha a teoria de género é punível por lei».[15] Amy Coney Barrett foi considerada por parte da sociedade americana (e por quase toda a comunicação social *liberal*) como inepta para o Supremo Tribunal dos EUA por ter convicções morais «demasiado católicas».[16] Em Portugal, em Maio de 2022, um candidato a juiz do Tribunal Constitucional não foi cooptado para ingressar nesse Tribunal, algo inédito, por ter manifestado, anos antes, a sua oposição à liberalização do aborto. A hostilidade vingativa (acompanhada de ameaças ou chantagem financeira), no seio da União Europeia, contra os governos polaco e húngaro deve-se mais ao seu apego ao cristianismo e a políticas pró-vida e familiares *tradicionais* do que a eventuais infracções do Estado de Direito (como ficou

in many institutions today — from elite universities to newspapers, publishers and technology companies — which reveals that practices such as informing, denunciation and defamation can all flourish even in the absence of a one-party dictatorship. And it turns out you don't need a Communist party in charge to have censorship of the internet: just leave it to the big tech companies, which now have the power to cancel the President of the United States if they so choose.» Entretanto, em Portugal, o Parlamento aprovou, sem pestanejar sequer, a «Carta de Direitos Humanos na Era Digital», na esteira do «Plano Europeu de Acção contra a Desinformação», que consubstancia, de facto, o regresso formal da censura.

[15] Ver Daniel J. Mahoney, «Beyond the "Fanaticism of the Center": Giving Poland and Hungary Their (Qualified) Due», *The Public Discourse*, 14 de Abril de 2019. Disponível em: https://www.thepublicdiscourse.com/2019/04/50853/ (2021/02/19).

[16] Como diz Anthony Esolen, «religion cannot be tolerated unless it is recast as a simulacrum or reduced to a palimpsest — the residual impression of a religion that used to possess real flesh and bones and blood. [...] We may, as a function of that individualism, "choose" a religion, rather as we choose a shirt. In other words, religion must cease to be religion, and *then it may be tolerated*, so long as it does not get in the way of the unfettered choices of other people. There is, in such a system, no God at all.» Cf. Anthony Esolen, «Patrick Deneen, The Little Sisters of the Poor, and Libertas Idiotica», *The Public Discourse*, 15 de Maio de 2018. Disponível em: https://www.thepublicdiscourse.com/2018/05/21245/ (2022/10/18)

patente, mais uma vez, nas «preocupações» da «Europa» com o triunfo de Giorgia Meloni, em Itália). E o desprezo pela realidade sexuada de homens e mulheres (e, de passagem, pela liberdade religiosa) ostentada na «Executive Order on Preventing and Combating Discrimination on the Basis of Gender Identity or Sexual Orientation», simbolicamente decretada pelo «centrista» e «bom católico» Joe Biden no primeiro dia do seu mandato, ou o projectado «Equality Act», se aprovado, não auguram melhores tempos.[17]

Do ponto de vista dos seus defensores, a intolerância (i)*liberal* é justificável porque incide precisamente sobre matéria em que não seria admissível concordar em discordar. Negar o direito ao «casamento» entre pessoas do mesmo sexo, ou recusar o direito reclamado por homens que se sentem mulheres de frequentar as casas de banho daquelas e de concorrer em competições desportivas femininas, seria tão escandaloso ou repugnante como a segregação racial. Mas essa analogia é absurda.[18] Subjacente a essa mistificação, está uma confusão entre a igual consideração e respeito devidos a todas as pessoas, enquanto sujeitos morais, e a equivalência moral entre todas e quaisquer escolhas, comportamento ou convicções. Essa confusão é o que faz com que a reprovação ou discordância morais sejam percebidas como uma ameaça existencial e, como tal, intoleráveis. E é nela que se insere «a conflação maligna do cristianismo com o "discurso de ódio", uma forma nociva de marcação ideológica destinada a desencadear novas

---

[17] Ver, por exemplo, Carl R. Trueman, «Joe Biden's Transgender Fictions», *First Things*, 2021/01/26. Disponível em: https://www.firstthings.com/web-exclusives/2021/01/joe-bidens-transgender-fictions (2021/03/20); e Timothy Dolan, «Stand Against Unjust Discrimination: Oppose the Equality Act», *The Public Discourse*, 16 de Março de 2021. Disponível em: https://www.thepublicdiscourse.com/2021/03/74791/ (2021/03/20).

[18] Ver Carson Holloway, «Same-Sex Marriage and the Civil-Rights Movement: A Problematic Analogy», *The Public Discourse*, 4 de Agosto de 2009. Disponível em: https://www.thepublicdiscourse.com/2009/08/778/; Ryan T. Anderson, «Disagreement is Not Always Discrimination: On Masterpiece Cakeshop and the Analogy to Interracial Marriage», *Georgetown Journal of Law & Public Policy*, Vol. 16, n.º 1, 2018, pp. 123 ss.; e Ben R. Crenshaw, «"Shut Up, Bigot!": Civil Rights and Same-Sex Marriage», *The Public Discourse*, 14 de Abril de 2016. https://www.thepublicdiscourse.com/2016/04/16749/ (2021/03/22).

formas de punição sobre os crentes no tempo que se avizinha»[19]. Mas essa confusão e conflação não têm razão de ser: é possível, e às vezes necessário, respeitar aquela fundamental e igual dignidade, recusando discriminações injustas — longe de qualquer «discurso de ódio» — sem endossar (ou mesmo contrariando firmemente) as opções e desejos particulares degradantes das pessoas em causa, precisamente porque essas pessoas merecem respeito.

Com efeito, ninguém passa a ser intolerante, intolerável e fanático — ou deixa de o ser — somente, ou simplesmente, porque outrem afirma ser assim ou lhe etiqueta esse rótulo. E nenhum direito se autentica como tal por reivindicação arbitrária de alguém. Exige arrimo na realidade, através de razões e tradições, argumentos e evidência. Note-se que a razoabilidade da condenação moral do aborto voluntário como algo abominável, da consideração da conjugabilidade heterossexual como constitutiva do casamento e do seu valor moral e social, e da identidade sexual natural (e da realidade e bondade da dualidade sexual), por exemplo, eram consensuais nas sociedades democráticas até ao pós-guerra, e maioritárias até muito depois (além de corresponderem, em alguns desses exemplos, a uma tradição milenar). E, ao longo destas décadas de «combate cultural», foram generosamente oferecidos argumentos e razões a favor dessas posições.[20] Já se sabe que existe no espaço público, desde há muito tempo, quer uma certa «assimetria moral» — em que a ideologia *liberal* beneficia de um autoatribuído quase-monopólio da virtude —, quer uma correlativa assimetria lógica, que impõe sempre à outra parte o ónus da prova.[21] Mas, agora, nem isso — nem provas, nem factos, nem argumentos — é permitido contrapor à ortodoxia secularista. Daí a a recorrente e crescente acusação de «fascismo» aos dissidentes (uma velha táctica estalinista...)

[19] Cf. Mary Eberstadt, «The Zealous Faith of Secularism», *First Things*, Janeiro de 2018. Disponível em: https://www.firstthings.com/article/2018/01/the-zealous-faith-of-secularism (2021/08/01).

[20] Isso foi feito, por exemplo, por autores como Elizabeth Fox-Genovese, John Finnis, Karol Wojtyła, Leon Kass, Mary Ann Glendon, Martin Rhonheimer, Robert P. George ou Jordan Peterson, entre muitos outros.

[21] Ver Roger Scruton, *Fools, Frauds and Firebrands: Thinkers of the New Left*, Londres: Bloomsbury, 2006, pp. 6–7.

«Vitorianismo ao contrário»

Gertrude Himmelfarb descreveu o processo deslizante de degradação moral, ocorrido (a seu ver) nas sociedades ocidentais, em termos que julgo se aplicam ao percurso ideológico acima referido: os comportamentos anteriormente estigmatizados pela sociedade como aberrantes passaram gradualmente a ser, primeiro, tolerados, como estilos de vida alternativos; e, depois, promovidos como «novo normal», até se chegar à situação actual em que a contracultura se tornou a ideologia *respeitável*, burguesa, dominante e autoritária, e a cultura *tradicional* se tornou a posição dissidente e não conformista, ao ponto de passar ela a ser marginalizada e, por fim, considerada intolerável[22] (em homenagem à tolerância e à «não discriminação»...), por consagrar uma «violação dos direitos humanos»[23].

Como se chegou então a este estado de coisas? Na esteira de Strauss, Harry Jaffa sugeriu em *Crisis of the House Divided* (há já cinquenta anos) que a distinção moderna entre «factos» e «valores», o namoro com o niilismo e o abandono da ideia de direito natural conduziriam à intolerância e ao utopismo. Na perspectiva do cientismo social dominante, a Declaração de Independência reflectiria apenas os «valores» e preferências arbitrárias dos seus autores. A sua referência às «leis da natureza e ao Deus da natureza» seria apenas uma redundância retórica, servindo somente para enfatizar essas preferências, e não seria já um critério de legitimidade. Esse cientismo social teria abolido, obviamente, quer Deus, quer a natureza, quer — consequentemente — a pessoa humana, como fonte de valor. E, assim, teriam sido descartadas quaisquer exigências e finalidades objectivas da natureza humana, decifráveis naturalmente pela razão. Restaria um subjectivismo radical, o desorbitamento do «eu», absolutamente autónomo, narcisista e autoindulgente, recusando o confronto com qualquer padrão, valor ou

---

[22] Ver Gertrude Himmelfarb, *The De-moralization Of Society: From Victorian Virtues to Modern Values*, Nova Iorque: Vintage Books, 1996, pp. 221 ss. e 234; e *One Nation, Two Cultures: A Searching Examination of American Society in the Aftermath of Our Cultural Revolution*, Nova Iorque: Alfred A. Knopf, 2001, pp. 25–26, 122–123 e 127–128.

[23] Ver Scruton, *Fools, Frauds and Firebrands, op. cit.*, pp. 3–4.

propósito exterior a si mesmo. Os desejos desse «eu» legitimar-se-iam a si próprios, simplesmente porque são afirmados; e — por essa razão apenas — exigiriam ser contemplados e satisfeitos.[24]

De qualquer modo, e para além disso, gostaria de assinalar alguns desenvolvimentos relativamente recentes desta tendência. Em primeiro lugar, tornou-se patente o carácter mitológico, não só da absoluta neutralidade moral do Estado, como da operacionalidade da distinção estrita entre a esfera da «razão pública» (matéria em que, no limite, não seria permitido concordar em discordar, sob ameaça de coerção) e a das doutrinas morais ditas «compreensivas» (passíveis de acordo no desacordo). Como se vê agora claramente, a discriminação entre as duas esferas também é passível de discordância. Mais precisamente, aquilo que a polarização ideológica acima referida tem evidenciado, empiricamente, é que o repouso unilateral na «justiça processual pura» como cimento social (para além dos seus problemas teóricos, também patentes na questão da escravatura ou na do aborto legal), não é, pura e simplesmente, possível ou, pelo menos, suficiente, e que pode ser até contraproducente. Por sua vez, considerar que a neutralidade moral — associada à justeza formal e procedimental — é ela própria uma a posição moral não neutral (o que é verdade) capaz de conceder coesão à sociedade e constituir o necessário *ethos* social comum parece conduzir aos mesmos resultados. A questão do bem e do mal substantivos volta teimosamente, mais tarde ou mais cedo, a vir ao de cima. E, se for esquecida, ignorada ou proibida no espaço público, corremos o risco de que ela expluda sob formas incivilizadas, como as que estamos a assistir. Por maioria de razão, a ideia da instrumentalidade do relativismo moral com vista à convivência pacífica e à tolerância, está a revelar-se como mais um colossal embuste.

Em segundo lugar, tornou-se evidente que o *progressismo* político saltou directamente do relativismo para o extremo oposto, abraçando o dogmatismo. Seria de esperar: sempre que se reduz a moralidade a uma série

---

[24] Cf. Himmelfarb, *The De-moralization of Society*, *op. cit.*, pp. 256–257. Ver Harvey Mansfield, «Our Parties, Part Two (The Republicans: Party of Virtue)», *City Journal*, Spring 2015. Disponível em: http://www.city-journal.org/2015/25_2_political-parties.html (2021/03/24). Ver Pedro Rosa Ferro, *Virtude Política: Uma Análise das Qualidades e Talentos dos Governantes*, Coimbra: Almedina, 2017, p. 296.

de formalismos ou procedimentos asépticos, o moralismo *hard* entra inevitavelmente pela porta das traseiras, pela revolta de irracionalistas, zelotas, românticos ou niilistas. Como diz Niall Ferguson, este apenas é mais um exemplo de um velho problema: «that liberals defer to progressives. And progressives defer to outright totalitarians.»[25] E chegámos agora ao ponto da «tolerância repressiva» propugnada por Marcuse.[26]

Por fim, note-se o carácter *religioso*, maniqueísta e sectário do recente «despertar» (i)*liberal*, indiciado desde logo pela popularização dos termos «woke» e «the great awokening» (uma versão gnóstica do «Great Awakening»).[27] Trata-se, obviamente, de uma perversão laica da verdadeira religião, e aí encontramos pantominas de «profissões de fé», Grandes Inquisidores da «tolerância» e justiceiros da «inclusão»[28], crimes de blasfémia ou «thought crimes», demonologia, escolasticismo, excomunhão social, banimento de hereges e supressão de livros, autos de fé, actos de contrição e humilhação públicos, etc.[29] Edmund Burke já tinha avisado que o vazio deixado pelo cristianismo, a acontecer, «seria

---

[25] Cf. *The Economist*, «Briefing: The Illiberal left», 4 de Setembro de 2021 p. 14.

[26] Cf. Herbert Marcuse, «Repressive Tolerance», *in* Robert Paul Wolff, Barrington Moore, Jr. e Herbert Marcuse, *A Critique of Pure Tolerance* (Boston: Beacon Press, 1969), pp. 95–137. Ver *The Economist*, «The Illiberal Left», p. 14.

[27] Ver Mary Eberstadt, «The Zealous Faith of Secularism», *op. cit.*; ver *The Economist*, «The Illiberal Left», p. 14; e também Rod Dreher, *Live Not by Lies: A Manual for Christian Dissidents*, Sentinel, 2020, pp. 47 ss.

[28] Cf. Jaime Nogueira Pinto, «Os demónios de Dostoiévski», *Observador*, 12 de Novembro de 2021. Disponível em: https://observador.pt/opiniao/os-demonios-de-dostoievski/ (2021/11/13).

[29] Cf. *The Economist*, «Imposing Orthodoxy: Echoes of the Confessional State», 4 de Setembro de 2021, p. 16. Vale a pena recordar o que diz Tocqueville sobre o carácter religioso (pervertido) da atitude política revolucionária em França: «Comme elle avait l'air de tendre à la régénération du genre humain plus encore qu'à la réforme de la France, elle a allumé une passion que, jusque-là, les révolutions politiques les plus violentes n'avaient jamais pu produire. Elle a inspiré le prosélytisme et fait naître la propagande. Par là, enfin, elle a pu prendre cet air de révolution religieuse qui a tant épouvanté les contemporains; ou plutôt elle est devenue elle-même une sorte de religion nouvelle, religion imparfaite, il est vrai, sans Dieu, sans culte et sans autre vie, mais qui, néanmoins, comme l'islamisme, a inondé toute la terre de ses soldats, de ses apôtres et de ses martyrs.» Cf. Alexis de Tocqueville, *Oeuvres Complètes*, Vol. 4, *L'Ancien Régime et la Révolution*, Paris: Michel Lévy Frères, Libraires Éditeurs, 1866, pp. 18–19.

preenchido por alguma rude, perniciosa e degradante superstição».[30] Talvez se possa afirmar que «a patologia da religião é a mais perigosa doença do espírito humano».[31] Mas essa doença manifesta-se da forma mais letal e medonha precisamente onde Deus é rejeitado e os bens relativos são absolutizados, e quando a «religião» se combina com o poder de coerção, conduzindo à alienação e idolatria máximas.

Self-evident truths?

Vale a pena recordar o conceito tradicional de tolerância política: permitir algo moralmente inconveniente e contrário ao bem comum, mas que evite um mal comum superior ao que se produziria se aquele não fosse tolerado, ou que não impeça um bem maior. Distingue-se da tolerância *voltairiana* e moderna (é *maior* e *menor* ao mesmo tempo) porque não é indiferente à verdade e ao bem, presumindo antes que eles existem e podem ser destrinçáveis — de forma não arbitrária — do erro e do mal; porque não *tolera* simplesmente as convicções opostas, mas as respeita e leva a sério, mesmo quando as recusa firmemente; e também porque, em rigor, não *tolera* as (nem é indiferente às) pessoas que as sustentam, antes tem para com elas uma benevolência principial.

Ora, conquanto tudo isto seja razoável e justo, não parece que esse conceito seja ainda operacional. E nem a solução de Karl Popper para o «paradoxo da tolerância» — intolerância face aos intolerantes — nem as distinções de John Gray[32] resolvem o problema. Acabamos por embater sempre no «facto do pluralismo moral», agora extremado. A ideia de tolerância, por si só, não proporciona quaisquer razões para

[30] Cf. Edmund Burke, *Reflections on the Revolution in France* [1790], Nova Iorque: Dolphin, 1961, p. 104.

[31] Cf. Joseph Ratzinguer, *Truth and Tolerance: Christian Belief and World Religions*, Ignatius Press: San Francisco, 2004, p. 258.

[32] «From one side, toleration is the pursuit of an ideal form of life. From the other, it is the search for terms of peace among different ways of life. In the former view, liberal institutions are seen as applications of universal principles. In the latter, they are a means to peaceful coexistence. In the first, liberalism is a prescription for a universal regime. In the second, it is a project for coexistence that can be pursued in many regimes.» Cf. J. Gray, *Two Faces of Liberalism*, Cambridge: Polity Press, 2000, p. 2.

a aceitação ou rejeição do que pode ou não ser tolerado, ou para identificar o seu conteúdo e limites. Depende de razões substantivas *verdadeiras* sobre o bem e o mal, e politicamente aceites como tal, de modo que essa distinção possa ser estabelecida de modo não arbitrário.[33] E o problema é que no contexto cultural actual essas razões não são acessíveis, pela incomunicabilidade conceptual vigente, que inviabiliza o diálogo racional e o afunda no emotivismo, como diz MacIntyre algures. E já não há qualquer espécie de «consciência da Humanidade» nem «verdades auto-evidentes» que nos valham.

O adágio latino (de autoria controversa) *in necessariis unitas, in dubiis libertas, in omnibus caritas* continua a soar bem, mas para que fosse funcional seria preciso identificar aquele mínimo necessário em que se requer união, o que é precisamente aquilo que, politicamente, não conseguimos fazer. E, se for tudo duvidoso, nem liberdade nem benevolência são possíveis. Recordem-se as conciliadoras palavras Lincoln no seu segundo discurso inaugural, ante as feridas de uma sociedade profundamente dividida: «with malice toward none; with charity for all, with firmness in the right, as God gives us to see the right, let us strive on to finish the work we are in; to bind up the nation's wounds; to care for him who shall have borne the battle, and for his widow, and his orphan [...] to do all which may achieve and cherish a just and lasting peace among ourselves and with all nations»[34]. Poucas semanas depois, Lincoln foi assassinado... Mesmo assim, não vejo alternativas à continuidade da conversação intelectual com aqueles que ainda o aceitem fazer, e à insistência prudencial na presunção favorável à liberdade e ao pluralismo (a par da presunção irmã, favorável à tradição), embora essas presunções nem sempre devam prevalecer, como o caso da escravatura também ilustra.

Entretanto, pessoalmente, não é pior estarmos preparados para ser «intolerados», para resistir se isso acontecer, e para não fazer o mesmo aos outros.

---

[33] Cf. Raine Forst, «Toleration», *The Stanford Encyclopedia of Philosophy* (Outono de 2017), Edward N. Zalta (ed.), https://plato.stanford.edu/archives/fall2017/entries/toleration/.

[34] Cf. Abraham Lincoln, «Second Inaugural Address», 4 de Março de 1865, *House Divided Project*. Disponível em: https://housedivided.dickinson.edu/sites/lincoln/second-inaugural-address-march-4–1865/ (2022/11/07).

DIREITO NATURAL CLÁSSICO E MODERNA «RAZÃO PÚBLICA». *ETSI DEUS NON DARETUR?*[*]

> *L'homme est la seule créature qui refuse d'être ce qu'elle est.*
>
> Albert Camus (*L'Homme révolté*)

> *We make men without chests and expect from them virtue and enterprise. We laugh at honor and are shocked to find traitors in our midst.*
>
> C.S. Lewis (*The Abolition of Man*)

Existem critérios ontológicos não arbitrários capazes de distinguir entre o que é justo e o que é injusto? «Será que existem valores morais objectivos que possam unir os seres humanos e proporcionar-lhes paz e felicidade? Quais são eles? Como podem ser discernidos? Como podem ser operacionalizados nas vidas das pessoas e comunidades?»[1]

---

[*] Versão revista e desenvolvida da comunicação apresentada na conferência «Direito Natural e Ecologia Humana», Universidade Católica Portuguesa, 11 de Novembro de 2021. Alguns parágrafos deste texto incorporam fragmentos de matéria publicada pelo autor em *Democracia Liberal: A Política, o Justo e o Bem*, Coimbra: Almedina, 2012, e em *Política, Ciência e Consciência*, Coimbra: Almedina, 2020.

[1] Cf. International Theological Commission, *In Search of a Universal Ethic: A New Look at the Natural Law*, 2009. Disponível em: https://www.vatican.va/roman_curia/congregations/cfaith/cti_documents/rc_con_cfaith_doc_20090520_legge-naturale_en.html (2022/04/18).

São traduzíveis na ordem jurídica e política sem lesar a democracia, o pluralismo e a tolerância? Estas questões têm continuado a animar o debate público contemporâneo sobre os fundamentos éticos do direito e da política. Neste ensaio, gostaria de participar nessa discussão, embora obviamente de modo muito circunscrito. Farei primeiro uma breve referência à transformação moderna do direito natural clássico. Depois, centrar-me-ei em dois tópicos do embate da ideia de direito natural com a modernidade. No primeiro, tratarei do confronto entre essa ideia e o conceito de «razão pública». No segundo, abordarei as razões pelas quais a ideia de direito natural, na actualidade, foi praticamente expulsa do espaço público, em articulação com o processo de secularização. O ponto de vista adoptado será predominantemente político, ou de teoria política, mais do que de filosofia moral ou de filosofia do direito. Por fim, gostaria de avisar — para uma boa gestão de expectativas — que este texto apresentará talvez mais perguntas do que respostas. Ou seja, por outras (e mais pomposas) palavras, terá um cunho sobretudo tentativo e aporético, mais do que apodíctico e demonstrativo.

A transformação moderna do direito natural

Como sabemos, Leo Strauss tratou deste assunto com bastante insistência, nomeadamente no seu livro *Direito Natural e História* e, antes, n'*As Conferências de Annapolis*, e pode servir como ponto de partida para a nossa reflexão. A posição de Strauss pode ser resumida, para o efeito agora pretendido (embora com o risco das simplificações), nos seguintes termos: «o direito natural é aquele direito que não depende da arbitrariedade humana. A alternativa à aceitação do direito natural parece ser a asserção de que todo o direito depende da arbitrariedade humana, ou é posto pelo homem, i. e., o direito positivo. Esta asserção, conhecida como positivismo jurídico, é difícil de manter.»[2] Porque, se não existisse nenhum outro direito senão o direito positivo, não poderíamos falar de leis substancialmente injustas, todas as noções de justiça

[2] Cf. Leo Strauss, *As Conferências de Annapolis sobre o «Direito Natural»* [1946], *in* José Colen, «As Conferências de Annapolis sobre o *Direito Natural*: Um Texto Inédito de Leo Strauss», *Diacrítica. Filosofia e Cultura,* 2012, p. 519.

seriam meramente convencionais, e não haveria nenhum critério para distinguir entre bem e mal, entre fins sublimes e depravados, entre regimes legítimos e totalitários. «Ora é evidente que faz sentido, e por vezes é mesmo necessário, falar de leis "injustas" ou de decisões "injustas". Assim, tornamos implícito que existe um padrão de justiça ou de injustiça que é independente do direito positivo e que lhe é superior.»[3] «Precisamente porque é assim, o problema do direito natural é o nosso mais sério problema», e é tão antigo quanto a filosofia política.[4]

Strauss enfrentou, de modo particular, aqueles que ele julgou serem os principais inimigos do direito natural: o relativismo historicista, e o que resulta da particular interpretação da distinção entre factos e padrões operada pelo moderno cientismo social. Strauss considera o primeiro como um regresso à antiga visão convencionalista, numa versão requentada, embora mais pobre. Quanto ao segundo inimigo, a posição de Strauss pode ser sintetizada pelo seu veredicto sobre Max Weber. Embora o considerasse «o maior cientista social do [seu] século», Leo Strauss afirmou que «a tese de Weber [que Strauss considerava paradigmática da modernidade] leva necessariamente ao niilismo e à visão de que ao ser julgada perante o tribunal da razão, qualquer preferência, conquanto maléfica, animalesca ou louca é tão legítima como qualquer outra preferência»[5].

Segundo Strauss, a doutrina clássica do direito natural teve a sua origem em Sócrates e foi desenvolvida por Platão e Aristóteles, pelos estóicos e pelos pensadores cristãos medievais (especialmente por Tomás de Aquino).[6] Entretanto, a partir do século XVII, a visão clássica e cristã do direito natural teria sido radicalmente transformada, dando lugar a uma outra, também «natural», doutrina. Essa ruptura teria sido desencadeada pelo impulso filosófico político nascido de Maquiavel, Francis Bacon e Thomas Hobbes, e pelo seu epicurismo e «furor anti-teológico»[7] (e anti-teleológico). Nomeadamente, radicaria

---

[3] Cf. Leo Strauss, *Direito Natural e História*, Lisboa: Edições 70, 2009, p. 4.

[4] Cf. Strauss, *As Conferências de Annapolis*, p. 519

[5] Cf. Strauss, *Direito Natural e História*, pp. 34 e 39.

[6] *Ibidem*, p.106.

[7] Cf. Leo Strauss, «The Three Waves of Modernity», in *An Introduction to Political Philosophy*, Detroit: Wayne State University Press, 1989, pp. 84 ss.

no materialismo, empirismo e «hedonismo político» hobbesiano; e no respectivo conceito — demasiado rasteiro, estreito e hirto — de bem humano, marcado pelo direito natural absoluto e incondicional do homem à auto-preservação (no estado de natureza), que seria também a sua mais poderosa paixão. Daí, resultariam o cancelamento da vocação da pessoa humana para o seu fim ou perfeição, de acordo com a sua natureza (a «vida boa» ou o *summum bonum* dos clássicos e cristãos), e respectiva «degradação de padrões». Daí a substituição da antiga «lei natural» pelos «direitos naturais» modernos, e pelo «pequeno catecismo dos direitos do homem» (cujas inferências estão nas paixões, como dirá Burke)[8]; e a consequente prioridade do interesse próprio e dos direitos do indivíduo sobre os deveres perante Deus e os outros.[9] Daí a convicção de que o homem é um animal apolítico;

---

[8] Cf. Edmund Burke, «Thoughts on French Affairs», *The Works of the Rights Honorable Edmund Burke*, edição revista, Vol. IV, Boston: Little, Brown, and Company, 1866, p. 342.

[9] Segundo Strauss, «o direito natural pré-moderno seria essencialmente uma doutrina de deveres». Só na segunda metade do século XVI, a escolástica teria começado a laborar sobre a ideia de direitos naturais enquanto distintos de deveres ou obrigações naturais, uma alteração de ênfase que determinou o pensamento político e social até aos dias de hoje. A partir daí, a sociedade política passou a ser concebida, pela primeira vez, como estando principal ou exclusivamente «ao serviço do objectivo de garantir os direitos naturais, e não de garantir o desempenho dos deveres naturais do homem». Esta mudança fundamental encontraria a sua mais impressionante expressão no ensinamento de Hobbes. Seria igualmente visível no de Rousseau, ou no de Espinosa. As doutrinas de direito natural de Kant e Fichte seriam também essencialmente doutrinas dos direitos do homem. Paine exprimiria essa visão mais claramente no título do seu livro, *Rights of man*. «A primazia do direito sobre o dever significa[ria] a negação de qualquer ordem, ou vontade, sobre-humana. Por outro lado, a completa ausência ou, pelo menos, a relativa fraqueza da doutrina dos direitos do homem antes do século XVII, [teria] sido devida a esmagadora influência do ensinamento bíblico.» Enfim, «o clima espiritual favorável a insistência nos direitos do homem é caracterizado por uma visão inteiramente diferente, não bíblica, da relação do homem com Deus. [...] Enquanto o direito natural pré-moderno era uma doutrina da obediência ou, pelo menos, de conformidade com uma ordem não originada pela vontade humana, o direito natural moderno é uma doutrina da liberdade» (cf. Strauss, *As Conferências de Annapolis*, pp. 528–529, 531 e 533). Recentemente, Pierre Manent, em *La loi naturelle et les droits de l'homme*, apresenta uma narrativa que tem várias zonas de coincidência com a de Strauss. Simplificando muito, «antes de 1789 o quadro em que o homem vivia

e de que as obrigações e valores humanos significativos têm um fundamento somente contratual, consensual e autonomista. Daí, finalmente, decorreria uma concepção puramente negativa de liberdade (entendida como ausência de coerção externa), desconsiderando quer a bondade intrínseca do objecto das escolhas humanas — i.e., o valor positivo do exercício de liberdade — quer os obstáculos internos à liberdade (por fraqueza moral), desvalorizando a virtude e descaindo no subjectivismo e na arbitrariedade.[10]

«Razão pública» e Direito Natural

Tudo isto é bem conhecido e poderia, a meu ver, ser matizado, quer no que respeita ao que Strauss denomina «doutrina clássica do direito natural», quer no que toca à caracterização do direito natural moderno. Por exemplo, conquanto não se possam excluir reminiscências e se possa falar de uma tradição, suponho ser discutível que o direito natural, no entendimento medieval cristão, descenda de Sócrates, menos ainda de Platão, e que ele provenha de Aristóteles é um assunto, tanto quanto sei, furiosamente discutido pelos modernos filósofos aristotélicos. Neste momento, contudo, gostaria de deixar em suspenso a

não era o da criação humana; o homem vivia *sub lege Dei*. Posteriormente, a revelação da Lei de Deus foi substituída pelos «Direitos do Homem» (em maiúscula). Com o Iluminismo, o homem teria atingido a sua maturidade — adoptando o lema de Kant: *sapere aude* — e passado da heteronomia (ou teonomia) para a autonomia. A filosofia dos direitos humanos teria nascido contra a ideia de direito natural» (cf. José A. Colen, «What Is Wrong with Human Rights? Book Review: Pierre Manent, *La loi naturelle et les droits de l'homme*, Paris: Presses Universitaires de France, 2018», in *Interpretation*, Vol. 44 / Issue 3, p. 461). Esta posição sobre a acentuação bíblica dos deveres face aos direitos será talvez unilateral ou, pelo menos, poderia ser matizada pela consideração do carácter pedagógico e libertador da acção de Deus no Antigo Testamento. Ver também Ernest L. Fortin, «The Natural Wrong in Natural Rights — and the Problem With Communitarianism», *Crisis Magazine*, 1 de Maio de 1994. Disponível em: https://www.crisismagazine.com/1994/the-natural-wrong-in-natural-rights-and-the--problem-with-communitarianism (2019/05/30).

[10] Ver Pedro Rosa Ferro, *Política, Ciência e Consciência*, Coimbra: Almedina, 2020, pp. 121–122.

questão propriamente filosófica da crise ou transformação da doutrina clássica do direito natural, para me centrar na questão da relação (tensa) desta doutrina com a ideia moderna de «razão pública», não no seu sentido estrito, rawlsiano, ainda em voga, mas num sentido mais genérico, «bem entendido», conotado com a especificidade da justiça política e da filosofia pública política.

Essa especificidade resulta do reconhecimento de uma dupla distinção (embora não completa independência): aquela que existe entre o bem da pessoa e o bem da comunidade, por um lado; e, por outro lado, a distinção entre o «bem comum integral» e o «bem comum político». Por outras palavras, essa especificidade assenta na consideração de que existe uma diferença real entre a esfera particular dos bens últimos e a esfera pública dos bens políticos (protegidos pelo poder coercivo do Estado). Essa distinção e especificidade não surgem do nada com Maquiavel, Jean Bodin ou Thomas Hobbes. Obviamente, não parecem ter sido reconhecidas ou valorizadas por Aristóteles. Por Tomás de Aquino, sim, embora de forma talvez minimalista. Depois, é sugerida por Marsílio de Pádua. Mas tornou-se mais inteligível na modernidade, com a ruptura da «totalidade ética» e do consenso moral e religioso que se podiam presumir no mundo antigo ou medieval.

Como sabemos, do ponto de vista sociológico, a comunidade política moderna não é uma comunidade ética, em sentido forte: é uma ordem de cidadãos livres e igualmente dignos de respeito que — embora com valores e interesses diferentes, por vezes objectivamente inconciliáveis — criam uma estrutura legal e institucional viabilizadora da convivência política. E o chamado «facto do pluralismo» — o facto do desacordo ou conflito moral — típico das sociedades modernas, embora não seja filosoficamente problemático, é politicamente muito relevante. E as razões de direito natural — mesmo reclamando inteligibilidade universal — não só não escapam à controvérsia, como estão frequentemente no seu centro, por acção de vários factores epistemológicos e morais que não importa agora discutir.

Ora, precisamente, a «razão pública» pode ser definida como o tipo de razoabilidade pela qual as instituições políticas básicas da sociedade e o seu sistema legal — legitimamente imposto pelo poder coercivo do Estado sobre uma multidão de cidadãos com valores discrepantes — podem ser justificados de uma forma capaz de suscitar consentimento, favorecer a cooperação e assegurar a estabilidade política e social básica. É a razoabilidade que se refere ao bem comum político estrito da sociedade humana, assim definido.[11] Neste sentido, a actividade política tem a sua verdade prática própria, a sua própria lógica interna e uma racionalidade moral específica — assente naquela diferenciação entre o bem individual e o bem da comunidade — e que corresponde em grande parte a uma ética institucional.[12] E é essa razoabilidade que, em grande parte, subjaz ao Estado constitucional liberal democrático, como sendo sobretudo uma «ordem de liberdade e de paz» (que julgo fazermos bem em prezar e proteger), mais do que uma «ordem de verdade e virtude», de acordo com a conhecida formulação de Ernst-Wolfgang Böckenförde.[13]

Assim, o direito natural e a razão pública não são como que dois princípios rivais de legitimidade na especificação do bem humano: um princípio dito liberal, que gravitaria em torno do critério da reciprocidade entre indivíduos livres e iguais, recorrendo à «razão pública» e à razoabilidade política; e um princípio dito *perfeccionista*, assente no que é justo por natureza, invocando a «recta razão». A meu ver, esses dois princípios não são incompatíveis, e não se situam ao mesmo nível. A interacção entre os dois desenvolve-se em duas dimensões, entre outras: a primeira, respeitante ao reconhecimento social e validação jurídica e política das razões do direito natural; a segunda, associada à abrangência deste último, ao seu espectro e âmbito, face ao da razão pública.

---

11 Cf. Martin Rhonheimer, «The Political Ethos of Constitutional Democracy and the Place of Natural Law in Public Reason: Rawls's "Political Liberalism" Revisited» (Notre Dame Law School, Natural Law Lecture 2005), *The American Journal of Jurisprudence*, 50, 2005, pp. 2 ss.

12 *Ibidem*, pp. 5–7.

13 Cf. Ernst-Wolfgang Böckenförde, «Die Entstehung des Staates als Vorgang der Säkularisation», *Staat, Gesellschaft, Freiheit. Studien zur Staatstheorie und zum Verfassungsrecht*, Frankfurt am Main: Suhrkamp, 1976, pp. 42–64, referido por Martin Rhonheimer em «The Democratic Constitutional State and the Common Good», in *The Common Good of Constitutional Democracy: Essays in Political Philosophy and on Catholic Social Teaching*, William F. Murphy, Jr. (trad.), Washington, DC: Catholic University of America Press, 2013, pp. 74 ss. Ver Pedro Rosa Ferro, *Política, Ciência e Consciência*, *op. cit.*, p. 22.

Quanto à primeira dimensão, podemos começar por recordar que é possível formular dois tipos de perguntas políticas acerca da bondade de um governo. O primeiro corresponde a indagar se as leis ou decretos emanados pelas autoridades são decentes, úteis e favoráveis aos cidadãos, coerentes com o direito natural, digamos. O segundo questiona se essas leis ou decretos são politicamente legítimos: isto é, se são verdadeiramente representativos, se são processualmente justos. Hobbes terá sido o primeiro a sustentar a precedência política da segunda questão; ou, numa formulação mais moderna, a precedência das regras da política sobre os fins da política. O problema formal sobre como organizar o poder na Cidade tornou-se o principal, em urgência e em dignidade, relegando a questão directa acerca do bem e do mal substantivos. Para Hobbes, o governo representativo é precisamente aquele que está autorizado a tomar decisões sobre o bem e o mal em política (de modo a preservar a paz civil), centrando o problema político nos procedimentos de autorização, em detrimento da pergunta sobre os fins e bens humanos.[14] Nestes termos (já fora do esquema hobbesiano, mas aproveitando a sua intuição), podemos dizer que a verdade da lei natural não depende da sua aceitação pública, mas que o seu reconhecimento como razão politicamente relevante sim. A justiça natural «objectiva» só adquire legitimidade política através do processo político justo. «Auctoritas, non veritas, facit legem», reza um famoso *dictum* de Hobbes, que — embora problemático — exprime a primazia institucional, legal e prática do âmbito político sobre o âmbito metafísico e sobre as pretensões de verdade moral; ou — em chave rawlsiana — a primazia política do justo sobre o bem. O direito natural — ou qualquer outro princípio último de justiça — para ser politicamente operacional terá de ser socialmente ratificado e juridicamente validado: tem de ser legitimamente positivado.[15] Para que as razões de direito natural sejam razões válidas na esfera da razão política e pública, elas

[14] Cf. Harvey C. Mansfield, «Hobbes and the Science of Indirect Government», *The American Political Science Review*, Vol. 65, n.º 1, Março de 1971, pp. 97, 98 e 107. Ver Pedro Rosa Ferro *Política, Ciência e Consciência*, pp. 22–23.

[15] Ver Martin Rhonheimer, «Christian Secularity and the Culture of Human Rights», Symposium A Growing Gap — *Living and Forgotten Christian Roots in Europe and the Unites States*, 2006, p. 6. Ver Pedro Rosa Ferro, *Democracia Liberal: A Política, o Justo e o Bem*, Coimbra: Almedina, 2012, pp. 93.

terão de ser justificadas, aplicadas, restringidas ou concretizadas, de acordo com a lógica da política, que é também uma lógica de exequibilidade em condições de desacordo e conflito.[16]

Ao mesmo tempo, contudo, a primeira pergunta, a pergunta directa sobre a justiça natural da política, nunca pode ser esquecida ou ignorada. A solução de Hobbes — submergir inteiramente a verdade e a justiça na factualidade da lei positiva — não é aceitável. Para abordar este ponto, voltemos agora a nossa atenção para a segunda dimensão da interacção entre o direito natural e a razão pública: a diferença de âmbito.

Tomás de Aquino antecipou de algum modo a ideia de razão pública quando observou que as leis humanas estão, por princípio, limitadas a questões de justiça, bastando que proíbam o que é destrutivo da convivência humana, sem o qual a preservação da sociedade não seria possível; o resto da aplicação da lei natural seria deixado ao julgamento de Deus.[17] A lei natural não é um critério suficiente para identificar o que pertence ao bem comum político e, portanto, o que deve ser imposto coercivamente pela lei sobre a totalidade dos cidadãos. A política não trata das questões derradeiras ou das mais elevadas e sublimes, que conferem sentido e plenitude à vida das pessoas. O domínio da política não é totalizante; é instrumental e *menor*: visa a paz e a segurança, a cooperação social, um módico de justiça e um máximo de igual liberdade. Isto não significa indiferença ou relativismo quanto à verdade sobre o homem. Significa uma tentativa de limitar o poder coercivo do Estado ao mínimo razoavelmente exigido pelo funcionamento pacífico da fábrica da sociedade e pela convivência política. Do mesmo modo, o conceito liberal clássico de liberdade é fundamentalmente *negativo* não porque presuma forçosamente qualquer irrelevância ou arbitrariedade no que respeita aos fins humanos que tornam a liberdade significativa, mas porque corresponde a uma concepção *política* de liberdade: porque visa proteger uma esfera de não interferência externa que preserve a autonomia da pessoa, uma vez que ela é uma condição imprescindível para o agir moral. É certo que uma vida boa não é a mesma

---

[16] Cf. Martin Rhonheimer, «The Political Ethos...», p. 9.

[17] Cf. Tomas de Aquino, *Summa Theologica,* I–II, q. 100, a. 2.

coisa que uma vida que subjectivamente se considera ser boa.[18] O valor da autodeterminação não decorre de que ela seja condição suficiente para actuar bem, mas de que ela é certamente uma condição necessária.[19]

Por outro lado, contudo, a lei natural é anterior à razão pública, de forma que as razões políticas, conquanto difiram das razões da lei natural, incluem a lei natural, na medida em que esta seja politicamente relevante. E, nessa medida, embora a lei natural, como tal, não possa alegar ser razão pública, a correspondência da razão pública com a lei natural é uma condição necessária para que a razão pública seja plenamente razoável.[20] É por isso que o poder da lei positiva para criar ou reforçar obrigações morais depende não só da autoridade constitucional do órgão que pretende promulgá-la, como também da justiça material — da razoabilidade substancial — da lei[21]: no limite, o direito positivo só é legítimo e vinculante para a consciência quando é *justo*, quando respeita os direitos naturais das pessoas.

Em torno do bem humano

Até aqui a teoria. Mas, chegados aqui, deparamos com vários problemas práticos.

Em primeiro lugar, mesmo entre aqueles que reconhecem o direito natural, há diferenças de opinião sobre o seu conteúdo ou sobre as suas implicações, em matérias importantes. E, em segundo lugar, embora a demarcação entre o que pertence ao âmbito privado e o que corresponde à razão pública ou à esfera pública seja necessária (nomeadamente, para circunscrever o poder coercivo) e seja também teoricamente possível, nunca o é completa e definitivamente. Consequentemente, o próprio conteúdo da razão pública e o âmbito do «politicamente relevante» são, eles próprios, controversos. Aliás, mesmo a determinação

---

[18] Ver Will Kymlicka, *Contemporary Political Philosophy: An Introduction*, Oxford: Clarendon Press, 1990, pp. 202–205.

[19] Cf. Pedro Rosa Ferro, *Política, Ciência e Consciência*, pp. 132–133.

[20] Cf. Martin Rhonheimer, «The Political Ethos...», p. 2.

[21] Ver Robert P. George, *Choque de Ortodoxias. Direito, Religião e Moral em Crise*, Tenacitas, 2008, pp. 193–197.

do que é razoável não é, politicamente, nada evidente. E muito do que é tido hoje como razoável, não o era há cem anos, como sabemos.

Para além disso, uma sociedade aberta não pode ser completamente aberta e moralmente *neutral.* A assepsia moral não é, pura e simplesmente, possível, atendendo à referida porosidade das fronteiras entre o âmbito privado e o público, à imprecisão da demarcação entre o justo e o bem, ou à fluidez da distinção entre a ética pessoal e a ética institucional, ou entre o «bem comum integral» e o «bem comum político».[22] Como vimos no ensaio anterior, qualquer «acordo no desacordo» moral pressupõe uma concordância prévia relativamente ao desacordo que não pode ser tolerado. Por outras palavras, a política — e, portanto, qualquer concepção política de justiça e razão pública — está ao serviço de alguns bens básicos que são anteriores à política e definem o horizonte do bem comum político. Estes bens incluem as liberdades e direitos fundamentais da pessoa, mas também a consideração das características elementares e naturalmente dadas da sociedade humana. Assim, por exemplo, o respeito pelos outros cidadãos como «livres e iguais» depende do reconhecimento do que é a cidadania, de que os cidadãos são pessoas humanas, e do que são as pessoas, enquanto seres naturalmente sociais. A razão pública não pode ignorar (sob qualquer véu) alguns «factos da vida» pré-políticos e algumas propriedades naturais da sociedade, quando politicamente relevantes. Não é possível construir uma concepção política de justiça *ex nihilo*, independentemente das raízes mesmas da vida humana social. Por outras palavras, não é possível, nem desejável, imunizar a «razão pública» perante qualquer exigência básica da lei natural.[23]

---

[22] Recorde-se, por exemplo, a ambiguidade dos esforços de John Gray por manter que há «bens universais», valores objectivos e uma moralidade mínima universal que refletem a «permanência da natureza humana», bem como as suas declarações de rejeição do cepticismo, subjectivismo ou relativismo, apelando às «experiências comuns da humanidade», por um lado; e a sua concomitante recusa de uma ética universal, por outro. Ver John Horton, «John Gray and the Political Theory of *Modus Vivendi*», in *Critical Review of International Social and Political Philosophy*, Vol. 9, n.º 2, Junho de 2006, pp. 157 ss. Ver J. Gray, *Two Faces of Liberalism*, Cambridge: Polity Press, 2000, pp. 63, 66, 67, 138. Ver Pedro Rosa Ferro, *Política, Ciência e Consciência*, p. 136.

[23] Cf. Rhonheimer, «The Political Ethos...», pp. 26, 42 ss. e 67 ss. Ver Ver Pedro Rosa Ferro, *Política, Ciência e Consciência*, p. 140.

Enfim, não parece exequível fundar uma comunidade política funcional sem uma concepção particular de bem, ainda que débil, e sem uma ideia mínima de bem comum. A demarcação dos direitos pressupõe sempre uma noção moral sobre o *quid* humano, sobre o que é devido à pessoa para que ela se «cumpra».[24] É difícil desligar completamente a reflexão sobre o que é justo da reflexão sobre os fins do homem.

Vejamos: a procura da justiça política parte do reconhecimento dos outros como seres humanos, iguais a nós, com o mesmo valor (como também se referiu já no ensaio anterior e vale a pena enfatizar). Se não houver uma compreensão básica do que é uma pessoa, ou se a ideia de natureza humana for despojada de qualquer alcance normativo, as noções de vida humana, dignidade, deveres e direitos (humanos), liberdade, equidade ou Estado de Direito passam a ser meramente retóricos, ou então arbitrários, e perdem qualquer sentido operacional. Não é possível negar que se possa conhecer algo de significativo sobre os seres humanos e, ao mesmo tempo, carregar de «direitos humanos» esses mesmos indivíduos; indivíduos cuja natureza seria desprovida de profundidade ou finalidade, ou tomada como incognoscível, ou algo, em qualquer caso, de que aqueles deveriam emancipar.[25]

Como vimos no ensaio anterior, o nosso problema não é, portanto, apenas o de saber quão espessa ou quão fina pode ser a concepção de bem humano capaz de alicerçar uma sociedade justa, mas também o de saber qual deve ser o seu conteúdo. Francamente, não vejo que este problema tenha uma solução política, para além do consenso constitucional, embora esta não seja uma solução cabal, porque a maioria e a justeza processual não produzem necessariamente a justiça substancial (conquanto sejam uma parte indispensável dela). Mas, pelo menos, podemos interrogar-nos sobre quais as razões pelas quais a doutrina clássica do direito natural — enquanto candidato verosímil a constituir essa «teoria moral» mínima — foi radicalmente desacreditada pela filosofia moderna e é actualmente ininteligível, hostilizada — e mesmo

---

[24] Ver John Finnis, *Natural Law and Natural Rights*, Clarendon Law Series, pp. 219–220.

[25] Ver Francisco Carpintero, *La Ley Natural. Historia de un concepto controvertido*, Madrid: Ediciones Encuentro, 2008, p. 31.

intolerada — pelo pensamento progressista «iluminado», como um resíduo arcaico, extremista e escandaloso, relíquia de remotos tempos obscuros, inimiga do reconhecimento e ampliação de «novos direitos», e proscrita da razão pública.[26]

«Etsi Deus non daretur»?

Para isso, voltemos a Strauss. A seu ver, «a transformação do direito natural no século XVII não pode ser descrita como uma secularização do direito natural»: a separação entre direito natural e direito revelado era algo adquirido em toda a filosofia clássica, e não teria sido rejeitada na filosofia medieval; tampouco haveria qualquer conexão necessária ou óbvia entre o direito natural de Platão e Aristóteles e qualquer teodiceia ou ideia de Deus; e a declaração de Grotius (segundo a qual o direito natural seria válido ainda que não existisse Deus) seria de ascendência escolástica.[27]

Mais uma vez, isto poderia ser disputado. Quando Strauss fala da escolástica, em geral, está talvez a generalizar em demasia. Quando ele afirma, acertadamente, que a distinção entre direito natural e direito revelado era algo assumido na filosofia cristã medieval, poderia também ter observado que o direito natural, nessa filosofia moral, tinha, em qualquer caso, uma fundamentação racional em Deus: o conhecimento de Deus e a fundamentação da legitimidade da razão em Deus eram tidos como algo acessível à razão natural, e não precisavam da revelação para isso. Mas estavam fundados em Deus. E quanto à filosofia antiga, é difícil não vislumbrar o «divino» por trás das leis não escritas de Antígona, ou no estoicismo, ou em Cícero. Aliás, o próprio Strauss reconheceu que o «direito natural moderno não pode ser compreendido se não temos em conta as suas implicações teológicas»[28], e vale a pena reflectir sobre o assunto.

O referido *dictum* de Grotius, segundo o qual o direito natural seria válido *etsi Deus non daretur* — i.e., *mesmo que Deus não existisse*,

---

[26] Ver José A. Colen, «What Is Wrong with Human Rights?», p. 452.

[27] Cf. Leo Strauss, *As Conferências de Annapolis*, p. 525.

[28] *Ibidem*, p. 531.

ou *para o caso de Deus não existir* — apresentava-se como uma tentativa de preservar os valores morais essenciais a partir de princípios cognoscíveis e aceitáveis por todos, substituindo a fundamentação religiosa que até então, supostamente, os legitimava. Procurava-se assim assegurar as bases de uma convivência pacífica e civilizada, ao abrigo de controvérsias confessionais, potencialmente sangrentas. Isso seria possível porque as normas morais — e a distinção básica entre o bem e o mal — pertenceriam à lei moral natural, seriam portanto susceptíveis de uma fundamentação puramente racional, e seriam, por conseguinte, universalmente compreensíveis e comunicáveis, sem necessidade de uma qualquer revelação sobrenatural. E, paradoxalmente, a irrelevância de Deus para o assunto seria mesmo uma demonstração do sucesso da Sua criação, cuja boa ordem poderia ser mantida mesmo na eventualidade de que não fosse conhecido um Senhor do mundo.[29]

Em várias ocasiões[30], Joseph Ratzinger evocou o aforismo de Grotius, que Dietrich Bonhoeffer, numa das suas cartas de cativeiro, contribuiu para popularizar. A posição de Bonhoeffer tem obviamente um contexto e sentido diferentes da do humanista holandês, embora as duas perspectivas não sejam talvez inteiramente dissociáveis. Bonhoeffer supunha que o homem moderno, autónomo e adulto, devia deixar Deus de fora dos seus enredos quotidianos, estruturando a sua vida terrena inteiramente por sua conta e risco[31], embora, paradoxalmente, «diante de Deus e com Deus»[32]. O próprio Deus nos obrigaria a admiti-lo: «ao tornarmo-nos adultos, [seríamos] levados a reconhecer de uma forma mais verdadeira a nossa situação diante de Deus. Deus [far-nos-ia] saber que devemos viver como pessoas que conseguem viver sem Deus, e que o Deus que está connosco é aquele que nos abandona (Mt 15, 34)!»[33]

Em qualquer caso, na posição de Grotius e de Bonhoeffer, Ratzinger via um vislumbre do projecto moderno, da esperança iluminista assente

---

[29] Ver Eberhard Jüngel, *Dieu mystère du monde. Fondement de la théologie du crucifié dans le débat entre théisme et athéisme*, tomo 1, Paris: Cerf, 1983, p. 26.

[30] Cf. Joseph Ratzinguer, *A Europa de Bento na Crise das Culturas*, Alêtheia Editores, 2005, pp. 38–40; e Ratzinger, *Dogma e Anúncio*, Edições Loyola, 2007, p. 386.

[31] Cf. Joseph Ratzinguer, *Dogma e Anúncio*, p. 386.

[32] Cf. Dietrich Bonhoeffer, *Résistance et Soumission, Lettres et notes de captivité*, vol. 1, Labor et Fides, 2006, p. 431.

[33] *Ibidem.*

na suficiência da razão ilustrada, como única «estrela e bússola», emancipada da tutela divina.[34]

A pretensão de Grotius parecia talvez exequível e razoável numa cultura predominantemente cristã, em que havia, além disso, «religião a mais», por assim dizer. O que aconteceu desde então? Aparentemente, já não se afigura alcançável o consenso básico ou a certeza

[34] Grotius não questiona a lei natural, mas desenvolve uma concepção empírico-racional da natureza do ser humano. Seria a capacidade dos homens de se obrigarem, livre e voluntariamente, celebrando pactos, que determinaria a associação natural da humanidade. O novo direito natural — um direito natural autónomo — não assentaria numa construção metafísica, mas no laço entre a natureza humana — capaz de razão e discurso, *ratio* e *oratio* — e a ordem jurídica. O homem teria capacidade para se limitar através daquilo que ele próprio cria, nomeadamente, o pacto. Os pactos exprimiriam o duplo potencial do espírito humano para ser simultaneamente um princípio de ordem - *ratio* — e um princípio de relacionamento com base no compromisso da sua palavra — *oratio* (cf. Christophe Boureux, «Etsi Non... Veluti Si... Deus Daretur: Une Relecture après la Modernité», *Revue d'éthique et de théologie morale*, 2009/3 n.º 255, pp. 50 ss). Há aqui uma ideia de autonomia que encontra eco numa corrente da teologia moral contemporânea por vezes denominada «autonomia teónoma». Trata-se da tese segundo a qual Deus criou o homem e delegou nele a ordem moral: o estabelecimento, sob a sua própria razão e responsabilidade, das normas do bem e do mal. Se fosse assim, a razão seria completamente independente e soberana na criação da lei moral, uma vez que lhe foi encomendada por Deus a sua livre configuração; «desta lei, Deus não poderia de modo algum ser considerado Autor, salvo no sentido de que a razão humana exerceria a sua autonomia legislativa por força de um mandato original e total de Deus ao homem» (cf. João Paulo II, *Veritatis Splendor*, 36); a «teonomia» ficaria reduzida à ideia de que o sujeito autónomo tem em Deus o fundamento da sua autonomia (que teria a sua origem num acontecimento emancipador); a obrigação moral esgotar-se-ia na obediência ao mandato de agir racionalmente, sem incorrer em contradição; e a «lei natural» no homem não seria senão a inclinação natural da razão prática para uma actividade normativa em ordem à sua perfeição e cumprimento. Nesta concepção, afirma-se não apenas a capacidade da razão humana para conhecer o bem e o mal, mas também a tese de que só mediante o processo da invenção humana de normas teria lugar o discernimento entre o bem e o mal (cf. Martin Rhonheimer, «Autonomía y teonomía moral según la *Veritatis splendor*», 2002, *Almudi.org*. Disponível em: https://www.almudi.org/articulos-antiguos/7910–autonomia-y-teonomia-moral-segun-la-veritatis-splendor (2021/11/13)). Deste modo, transforma-se em mandamento a proibição genesíaca de comer do fruto da «árvore da ciência do bem e do mal» (Gn 2, 17), não haveria uma ordem moral objectiva, e seria difícil distinguir racionalidade de «autenticidade», e distinguir liberdade de conformismo social e cultural ou de mero impulso.

partilhada nos princípios essenciais, não apenas sobre a «vida boa» (a tal «ordem de verdade e virtude»), mas nem mesmo sobre o que poderia ser uma sociedade justa e funcional (a tal «ordem de liberdade e de paz»). Aparentemente, a reconfortante e radiosa auto-segurança da modernidade colapsou. Aparentemente, o projecto iluminista fracassou — na tentativa baldada de fundar a razoabilidade moral de modo universal e definitivo, na certeza de uma razão *científica* e anti-teleológica, meramente calculadora, desencarnada. Grotius não podia por certo imaginar que uma tal confiança do homem moderno nas suas próprias forças poderia propiciar o naufrágio ideológico, social e moral do século xx, por exemplo.

De acordo com Ratzinger, o que acontecera entretanto foi que a fundamentação do valor humano e do direito natural deixou progressivamente de ser clara, ao longo do processo de secularização, e aí residiria precisamente a raiz do problema. A universalidade, incondicionalidade e indisponibilidade dos direitos naturais não se entenderiam por si mesmas. Exigiriam uma imagem do ser humano, uma opção moral e uma ideia de Direito que a desancoragem ao Criador — sob o Estado secular puro, baseado apenas na racionalidade e vontade dos cidadãos, recusando a acreditação e normatividade divinas — teria obscurecido decisivamente.[35] Nos últimos trezentos anos, o Estado secular moderno teria vivido à custa dos rendimentos do *stock* de capital espiritual acumulado no passado. Agora, com a corrosão do travejamento cultural judaico-cristão, essas reservas parecem estar esgotadas, e o sistema parece estar falido, descambando na bancarrota ética.

De um ponto de vista diverso, Elizabeth Anscombe asseverou «que os conceitos de obrigação e de dever — isto é, obrigação *moral* e dever *moral* —, do que é moralmente certo e errado, e do sentido moral do "*ought*", deviam ser dispensados se isso fosse psicologicamente possível; porque são sobreviventes, ou derivados de sobreviventes, de uma concepção anterior de ética que geralmente já não sobrevive, e só são prejudiciais sem ela»[36]. E Ivan Karamazov (de Dostoiévski) sugeriu —

---

[35] Joseph Ratzinger, «The Spiritual Roots of Europe: Yesterday, Today and Tomorrow», *in* Joseph Ratzinger e Marcello Pera, *Without Roots: The West, Relativism, Christianity, Islam*, Nova Iorque: Basic Books, 2006, pp. 74–75.

[36] Cf. Gertrude Elizabeth Margaret Anscombe, «Modern Moral Philosophy», *Philosophy*, Vol. 33, n.º 124, Janeiro de 1958, p. 1.

embora não o tenha dito expressamente — que «se Deus não existe, tudo é permitido». Pelo menos, foi assim que Smerdiakov o entendeu.[37] Daqui, talvez se possa retirar que a noção de dever tem um fundo teológico[38], num sentido convergente com o de Ratzinger.

No entanto, a doutrina clássica do direito natural sustenta que certos deveres morais básicos — os mais fundamentais — são acessíveis a todos, crentes e não crentes, através do exercício da razão despojada. Essa lei natural terá sido inscrita por Deus no coração do homem. Por outras palavras, a lei natural poderia ser conhecida, e poderia conformar a nossa conduta, recorrendo apenas à capacidade humana natural de deliberação, juízo e escolha. Segundo Paulo de Tarso, «quando os gentios, que não têm Lei, fazem naturalmente as coisas que são da lei, esses, não tendo a Lei, a si mesmos servem de Lei; e mostram que o que a Lei ordena está escrito nos seus corações, dando-lhes testemunho disso a própria consciência e os seus pensamentos, que os acusam ou defendem» (Rm 2, 14–15). Ao mesmo tempo, contudo, essa capacidade humana natural de regular moralmente a própria conduta era vista, tradicionalmente, como uma participação do ser racional na ordem da inteligência criadora, da razão ordenadora, enfim, da lei eterna de Deus (que é a própria sabedoria de Deus que criou e orientou cada criatura para o seu fim). Mas, e se não for vista assim?

Será que o direito natural pode mesmo constituir uma «gramática ética comum» — no que é politicamente relevante —, prescindindo da referência a um Deus criador e providente, da reverência à sacralidade da vida humana e à sua liberdade encarnada? Se dispensarmos a inteligência criadora, encobrindo o sentido e *logos* ínsitos na natureza, poder-se-á ainda fundar algum direito? Sem Deus, a «lei natural» distinguir-se-ia da lei da selva? Noutros termos, será que a Segunda Tábua se aguenta de pé, sozinha, desamparada da Primeira?[39] Será que o homem pode ser nobre e bom, e constituir uma sociedade livre e decente, sem se

---

[37] Cf. Fiodor Dostoiévski, *Os Irmãos Karamazov*, 1879, algures.

[38] Ver «Gertrude Elizabeth Margaret Anscombe», *The Stanford Encyclopedia of Philosophy* (Primavera de 2018), Edward N. Zalta (ed.), https://plato.stanford.edu/archives/spr2018/entries/anscombe/. De facto, o texto de Anscombe pode ser interpretado também como uma crítica à «ética de dever», a favor de alguma forma de eudemonismo aristotélico.

[39] Cf. Pedro Rosa Ferro, *Democracia Liberal: A Política, o Justo e o Bem*, p. 96.

ajoelhar diante de Deus — e de mais ninguém — como sugeria também Dostoiévski noutra ocasião.[40] Ratzinger lembrou que, para o homem, o *unum necessarium* é Deus. Tudo muda se Deus está ou não está presente.[41] E, como disse Chesterton, «ao destruir a ideia de autoridade divina destruímos em grande parte a ideia daquela autoridade humana [i.e., a da razão] [...]. Com um puxão demorado e constante, procurámos tirar a mitra do pontífice; e com a mitra saltou também a sua cabeça.»[42]

Reparemos. Actualmente, a grande maioria (embora não totalidade)[43] dos teorizadores da lei natural tradicional são teístas. Pessoas que «acreditam que a moral ordem, como qualquer outra ordem na experiência humana, é o que é porque Deus a cria e sustenta como tal. Da indagação da inteligibilidade da ordem criada, inferem a existência de uma inteligência livre e criadora, um Deus pessoal.»[44] E, já no início do século passado, Jellineck registara candidamente que a cultura jurídica do seu tempo se debatia entre crentes e ateus, e que as respectivas teorias jurídicas dependiam das suas pressuposições face a Deus.[45] Será por acaso?

Os autores da Declaração de Independência dos EUA, na esteira de Locke, ainda se referiam às «leis da natureza» e ao «Deus da natureza», e ainda consideravam como sendo autoevidente que Deus dotara o homem de certos direitos iguais e inalienáveis. Mas, realmente, esses direitos serão assim tão autoevidentes? Se Jefferson, John Adams e Benjamin Franklin pensavam desse modo — apesar da sua peculiar e ambígua religiosidade —, não seria porque estavam ainda imersos numa cultura impregnada pela ideia cristã de dignidade humana e o cristianismo nutria ainda as convicções morais fundamentais dos cidadãos? A inalienabilidade desses direitos será concebível numa cultura que perdeu o sentido da verdade sobre o homem e ignora o seu

---

[40] Cf. Fiodor Dostoiévski, *O Adolescente*, 1875.

[41] Cf. Joseph Ratzinger, *A Nova Evangelização*, Congresso dos Catequistas e dos Professores de Religião, 10 de Dezembro de 2000.

[42] Cf. G. K. Chesterton, «The Suicide of Thought», *Orthodoxy*, III.

[43] Ver, por exemplo, Michael S. Moore, «Good without God», *Natural Law, Liberalism, and Morality: Contemporary Essays*, pp. 249– 259, Robert P. George (ed.), 1996.

[44] Cf. Robert P. George, «Natural Law», *Harvard Journal of Law & Public Policy*, Vol. 3, pp. 180–181.

[45] Cf. Carpintero, *La Ley Natural*, p. 31

fundamento sacral?[46] Será que precisamos de crer para poder entender — *credo ut intelligam*, como Agostinho de Hipona e Anselmo de Canterbury propunham — não só no que respeita ao conhecimento de Deus mas também no que respeita ao conhecimento da pessoa humana, enquanto ser social e político?

Recapitulemos. A convivência política numa ordem justa e livre parece exigir uma certa teoria sobre a pessoa humana: uma teoria necessariamente imperfeita e restrita, mas minimamente adequada à realidade do homem, da natureza e da sociedade, correspondente às razões de direito natural contidas na razão pública, quando politicamente relevantes. Mas, será que o acesso a essa verdade mínima sobre o homem é possível sem a remissão a um Deus criador e providente, conhecido seja pela luz da Fé ou pela luz natural da razão? Empiricamente, parece que isso não está a verificar-se, pelo contrário. Não estou a advogar nenhuma espécie de fideísmo. Não nego que essa cognoscibilidade natural seja filosoficamente possível, e menos ainda que o seu fracasso seja prova de que o não é. Digo apenas que não é realista esperar que isso aconteça, no contexto actual. E, como pensava Aristóteles, a política não pode ignorar a opinião comum. Mas, se for assim, o que restará da esperança de uma ética universal, ou de uma linguagem ética comum, precisamente agora, num contexto retórico em que as questões perenes sobre o bem e o mal são hoje mais urgentes do que nunca, e assumem uma dimensão global, reclamando uma renovada consciência da nossa humanidade comum e um sentido da responsabilidade planetário?[47]

Que fazer? «Veluti si Deus daretur»?

Todos conhecemos a resposta de Ratzinger[48], inspirada na aposta de Pascal e nos postulados da razão prática de Kant: para fundar as bases da vida pública de modo decente seria preciso inverter o axioma

---

[46] Cf. Martin Rhonheimer, «Perché una filosofia politica? Elementi storici per una risposta», *Acta Philosophica*, vol. 1, 1992, p. 256

[47] Ver International Theological Commission, «In Search of a Universal Ethic: A New Look at the Natural Law», 2009, *op. cit.*

[48] Cf. Joseph Ratzinger, *A Europa de Bento...*, pp. 39 e 40.

dos teorizadores do direito natural racional e agir *veluti si Deus daretur*, como se Deus existisse. Em suma, «agirmos livres e iguais como se fôssemos todos filhos de Deus; respeitarmo-nos uns aos outros como se fôssemos feitos à imagem de Deus»[49]. Que podemos dizer de semelhante provocação?

Francamente, a aceitação da hipótese de viver como se Deus existisse não parece nada conjecturável. Essa proposta baseava-se na esperança de que a razão despojada pudesse talvez aceder à conclusão de que a razão despojada e curvada sobre si própria não é suficiente. E isso faz sentido. Mas contraria a tese imperante de que o ateísmo hipotético ou o agnosticismo devem ser considerados como a posição *default* no discurso público de um Estado secular.[50] De resto, viver como se Deus existisse é precisamente o que grande parte das pessoas não quer.

Sendo assim, julgo que não é razoável apontar para algo mais do que um *modus vivendi*, e mesmo esse frágil. Conforme já referi, devemos procurar preservar a «ordem de liberdade de paz», cujas instâncias de legitimação são as regras democráticas constitucionais e a justeza processual. Aliás, essa liberdade nunca está garantida. E estamos precisamente num momento em que a liberdade dos defensores das razões de direito natural — liberdade de expressão, de educação e de profissão, nomeadamente — estão a ser canceladas, no mundo livre, em nome de pretensões de verdade, a meu ver falsas. E devemos querer para todos a mesma liberdade que queremos para nós. Entretanto, a «ordem de verdade e virtude» não está ao alcance do Estado. O Estado não pode (não consegue) e não deve ambicionar garantir o bem comum *integral* mas *apenas* o bem comum político, parcial[51], restrito àquele âmbito. O bem comum integral compete à sociedade como um todo e às pessoas que a compõem. As razões de direito natural e a consciência da relação entre a verdade sobre o homem e a sua liberdade devem, sobretudo, ser reforçadas e cultivadas no plano pré-político: familiar, educativo, mediático,

---

[49] Cf. Marcello Pera, em Joseph Ratzinger, *A Europa de Bento...*, p.15.

[50] Todavia, essa ideia carece de demonstração. Ver John Finnis, *Economy or Explication? Telling the Truth about God and Man in a Pluralist Society*, 2004, pp. 3–4. http://web.princeton.edu/sites/jmadison/calendar/conferences/1004%20Conf-Finnis%20paper.pdf.

[51] Cf. Martin Rhonheimer, «Perché una filosofia politica?», pp. 252–255.

cultural.[52] Só a esse nível se poderão conciliar as duas ordens a que se referia Böckenförde. Mas essas razões, em parte, também devem ser avançadas na arena política. Recorde-se que os valores políticos nunca são completamente imunes a considerações morais. E se não houver bons argumentos morais, prevalecerão maus argumentos morais.[53] As razões de direito natural podem ser controversas, mas não podem ser marginalizadas numa razoável concepção política de justiça[54], desde que politicamente relevantes, passíveis de articulação racional e debate público, e tramitadas em processo político legítimo. Ao contrário de Rawls, julgo que não devemos desejar — nem devemos esperar — eliminar do espaço público o conflito moral. Aliás, «não há nenhuma maneira de lidar politicamente com o problema do desacordo razoável que não seja, ela própria, pelo menos potencialmente, objecto de desacordo razoável».[55] A condição permanente da política é a da procura das soluções mais plausíveis, através da reflexão, debate e deliberação sobre estas questões. Todavia, como não há guardiões politicamente legítimos, quer da razoabilidade, quer da racionalidade, teremos sempre de regressar ao consenso realmente existente na sociedade como derradeiro padrão político.

Em todo o caso, convém reter duas coisas: primeiro, se prescindirmos da razão no processo de descoberta da justiça natural, ou se admitirmos que ela não existe, banindo do espaço público a referência à verdade sobre a pessoa humana, restará apenas o poder bruto e a vontade arbitrária, mesmo que maioritária; segundo — e como disse Eric Voegelin, algures — «you cannot deny the human forever»...

---

[52] Cf. Martin Rhonheimer, «Christian Secularity...», 2006, p. 7.

[53] Cf. George F. Will, *Statecraft as Soulcraft. What Government Does*, Nova Iorque: Simon & Schuster, 1983, p. 92.

[54] Ver Rhonheimer, «The Political Ethos...», p. 43.

[55] Cf. Charles Larmore, «What Is Political Philosophy?», *Journal of Moral Philosophy*, 2012, p. 21.

A HORA MAIS NEGRA? CONSIDERAÇÕES SOBRE OS ACTUAIS DESCONTENTAMENTOS NA IGREJA CATÓLICA

Mischiate sono a quel cattivo coro
delli angeli che non furon ribelli
né fur fedeli a Dio, ma per sé foro[1]

Dante Alighieri (*Divina Commedia,* Inferno)

I shall drink to the Pope, if you please...

John Henry Newman (*Letter to the Duke of Norfolk*)

«I wish it need not have happened in my time», said Frodo. «So do I», said Gandalf, «and so do all who live to see such times. But that is not for them to decide. All we have to decide is what to do with the time that is given us.»

J. R. R. Tolkien (*The Fellowship of the Ring*)

A Igreja Católica está consciente de que «Cristo é a luz dos povos»[2], de que a voz do Evangelho ressoa no mundo através dela[3], ao modo

[1] «Vão misturados ao molesto coro/ dos anjos que não foram nem revéis/ nem fiéis a Deus, senão ao próprio foro». Dante Alighieri, *Divina Commedia, Inferno* III, 37–39 (tradução de Vasco Graça Moura).

[2] Cf. *Lumen Gentium*, 1

[3] Cf. *Dei Verbum,* 8.

de *sacramento*, e de que esta Fé revela ao homem o próprio homem.[4] Devo dizer que comungo desta Fé. Mas mesmo para as pessoas que não a partilham — e mesmo para aquelas que não reconhecem que «com a Fé tudo muda» — a sorte da Igreja não é indiferente à fortuna do mundo, para bem ou para mal.

A «abominação da desolação no lugar santo» (Mt 24, 15)

Entretanto, não é preciso ser vaticanólogo para reconhecer o actual mal-estar da Igreja (na sua dimensão visível, institucional). Não é só a horrível e longa vaga de abusos sexuais que profanou o corpo e a alma de pessoas inocentes. Esta praga estará certamente associada ao relaxamento moral da sociedade ocidental nas últimas décadas, ao qual a Igreja não ficou imune[5], e cuja correlação empírica com a subcultura homossexual que se infiltrou em certos ambientes eclesiásticos parece não ser contestável[6], embora alguns relutem em admiti-la.[7] Por outro lado, é verdade que por detrás de muitas alegações e escândalos subjaz o *voltairiano* desejo de «écraser l'infâme!» e minar a autoridade moral da Igreja. Sendo quase a única voz a erguer-se na afirmação da vida e da família, trata-se de a desqualificar preventivamente com a insinuação

[4] Cf. *Gaudium et Spes*, 22

[5] Ver Bento XVI. «The Church and the Scandal of sexual abuse», 11 de Abril de 2019. Disponível em: https://www.corriere.it/english/19_aprile_11/benedict-xvi-the-church-and-the-scandal-of-sexual-abuse-8e40d438–5b9c-11e9–ba57–a3df5eacbd16.shtml?refresh_ce-cp (2019/12/29).

[6] Cf. Paul Sullins, «A sociologist looks at the Catholic sex abuse crisis», *MercatorNet*, 24 de Agosto de 2018. Disponível em: https://www.mercatornet.com/mobile/view/a-sociologist-looks-at-the-catholic-sex-abuse-crisis?fbclid=iwar3v5mjrmg2vzyjnqzcwsro9atbu_qz1annqhvb3aaytym3kgv-eigyt0gs (2019/03/14); cf. Massimo Introvigne, «Quanti sono i preti "pedofili"?», *CESNUR*. Disponível em: https://www.cesnur.org/2007/mi_preti.htm (2019/03/14); Cf. Gene Thomas Gomulka, «Is Msgr. Burrill the Tip of the Iceberg?», *Crisis Magazine*, 28 de Julho de 2021. Disponível em: https://www.crisismagazine.com/2021/is-msgr-burrill-the-tip-of-the-iceberg?mc_cid=93a5eb3ea9&mc_eid=09d72a850f (2021/07/30).

[7] Cf. Austin Ruse, «It Was Homosexual Abuse», *Crisis Magazine*, 23 de Novembro de 2022. Disponível em: https://www.crisismagazine.com/opinion/it-was-homosexual-abuse? (2022/11/23).

mais infamante, que é também, hoje em dia, a mais fácil: favorecer ou tolerar a pedofilia.[8] Mas nada disto exime a Igreja institucional de pesadas responsabilidades — isto é, «a nossa culpa, a nossa tão grande culpa»[9] — nesta matéria. Em muitos casos (e um só teria sido demais) a protecção das vítimas não foi a preocupação principal, como deveria ter sido. Contudo, todo o clamor que este assunto tem gerado evidencia que mesmo os *media* hostis à Igreja Católica esperam dela — mais do que de quaisquer outros — um testemunho de verdade e santidade capaz de transcender a baixeza e o espírito do tempo... E têm direito.

Aos lapsos morais acresce a divisão e desconcerto doutrinal. Cardeais e Bispos baralham-se e contradizem-se abertamente em pontos cruciais da vida cristã (nomeadamente, sobre os sacramentos do Matrimónio, Penitência e Eucaristia) e da conduta moral (quanto à beleza e dignidade da aliança conjugal, e quanto à desordem intrínseca dos actos homossexuais, por exemplo), provocando escândalo, dilaceração, desânimo, confusão entre os fiéis — «como ovelhas sem pastor» (Mc 6, 34) — e, eventualmente, sacrilégio. E não se trata apenas de contradições sanáveis pela equívoca separação entre *doutrina* e *pastoral.*

Entretanto, a famigerada «reforma da Cúria» não parece ter favorecido um Vaticano mais espiritual e arejado. A Casa de S. Marta não se tem revelado menos cortesã ou *palaciana* que o Palácio Apostólico de S. Pedro: manobras nos bastidores, adulação e medo, censura e saneamento, intriga e manipulação (como no primeiro Sínodo sobre

---

[8] A evidência disponível parece sugerir que a grande maioria das acusações se referem a menores com idade superior a 16 anos, o que é certamente vergonhoso, mas não é pedofilia; que a presença de pedófilos entre as confissões protestantes não é inferior à verificada entre o clero católico; que o número de professores de ginástica condenados nos tribunais americanos por abusos sexuais de menores é muitas vezes superior ao de sacerdotes católicos culpados do mesmo delito, em igual período; que a maioria dos abusos sexuais sobre menores é perpetrada por membros da família (padrastos, tios, primos...) e não por estranhos ou educadores, de acordo com relatórios do governo americano; que a esmagadora maioria dos pedófilos são casados, etc. Cf. Sullins, «A Sociologist Looks at the Catholic Sex Abuse Crisis», *op. cit.*; e Introvigne, «Quanti sono i preti "pedofili"?», *op. cit.*

[9] Cf. Bento XVI, *Carta a Propósito do Relatório sobre os Abusos na Arquidiocese de München e Freising*, 6 de Fevereiro de 2022. Disponível em: https://press.vatican.va/content/salastampa/it/bollettino/pubblico/2022/02/08/0092/00182.html#po (2022/11/08).

a Família, ou no caso da «refundação» do Instituto João Paulo II para o Casamento e Família[10], ou no actual processo, um pouco sinuoso, da sinodalidade sobre a sinodalidade, por exemplo). E quanto a uma «Igreja pobre para os pobres»[11], é impossível não reconhecer — como fez o Cardeal Sarah — a preponderância nefasta de alguns prelados purpurados e escarlates de dioceses e conferências episcopais mais ricas, dispostos a transigir em tudo o que for preciso para comprazer a opinião pública *liberal*, excepto na pena de excomunhão para aqueles que recusam o *kirchensteuer* (o famigerado «imposto eclesiástico» vigente na Alemanha e na Áustria)... Robert Sarah fala de uma nova *trahison des clercs* (aludindo provavelmente ao título do livro de Julien Benda): a cedência ao relativismo dominante, em todas as questões candentes do ensino moral da Igreja, por parte dos que deveriam ser guardiães da Fé.[12]

«A maior crise na história da Igreja»?

Pouco antes de morrer, instado a comentar a presente situação da Igreja, o filósofo Robert Spaemann disse que «era mais fácil ser um cristão fiel nos tempos do nazismo do que hoje»[13]! Isto parece um exagero, apesar de que Spaemann sabia do que falava. De qualquer modo, a situação é verdadeiramente dramática. Não sei se é a «a maior crise na história da Igreja», como sugerem alguns.[14] Não tenho ilusões face

[10] Cf. George Weigel, «The Vandals Sack Rome... Again», *Catholic World Report*, 29 de Julho de 2019. Disponível em: https://www.catholicworldreport.com/2019/07/29/the-vandals-sack-rome-again/ (2019/12/16).

[11] Cf. Francisco, *Evangelii gaudium,* 198.

[12] Cf. Robert Sarah, «High-ranking Prelates Are Trying to Change Christian Morality», *Catholic Herald*, 2018/02/28. Disponível em: http://www.catholicherald.co.uk/news/2018/02/28/cardinal-sarah-high-ranking-prelates-are-trying-to-change-christian-morality/ (2018/03/24).

[13] Cf. «Robert Spaemann on Josef Seifert, Amoris Laetitia and the Witness to Truth», *One Peter 5*, 30 de Setembro de 2017. Disponível em: https://onepeterfive.com/robert-spaemann-josef-seifert-amoris-laetitia-witness-truth/ (2020/01/06).

[14] Cf. James V. Schall, S. J., «The Church's Greatest Crisis», *Crisis Magazine*, 8 de Outubro de 2018. Disponível em: https://www.crisismagazine.com/2018/the-churchs-greatest-crisis (2019/04/20). Ver *Der Spiegel,* «Papst Franziskus, die Missbrauchsfälle und die tiefe Krise der katholischen Kirche», 22 de Setembro de 2018.

a qualquer «passado dourado».[15] E sei bem que o caminho terreno da Igreja — e, antes, o do povo judeu — é uma sucessão de crises: de fidelidade e traição, de martírio e cobardia. Desde sempre, houve «cizânia» e «sujidade»[16] na Igreja (a par de heroísmo e santidade, e de um imenso rio de Luz) e, com demasiada frequência, o «fumo de Satanás entrou no Templo de Deus»[17]. Isso faz parte da encarnação da Igreja na história da liberdade humana, tecida sempre de luzes e sombras. E faz parte do mistério do «grão de trigo» (Jo 12, 24), segundo o qual a Igreja deve percorrer a sua própria Via Sacra e morrer para dar fruto, tal como o seu Senhor.

Todavia, se quiséssemos imaginar algo que pudéssemos designar como sendo «a maior crise da história da Igreja», no caso de existir, qual seria o seu aspecto? Provavelmente, «teria algo que ver com o orgulho, como colocar uma opinião humana acima do ensinamento divinamente revelado [...]. Teria de ser um abraço a "este mundo", referido no evangelho de João como um mundo que rejeita a vinda de Cristo e a sua cruz»[18]. Teria que ver com um testemunho falso da Igreja sobre si própria, algo que subvertesse a consistência com o seu passado e a transcendência e integridade dos seus preceitos. Não resultaria de inimigos externos; seria autoinfligida. Mas não resultaria apenas (ou

---

[15] Vale a pena recordar o que Cardeal Newman dizia há já 150 anos: «I know that all times are perilous, and that in every time serious and anxious minds, alive to the honour of God and the needs of man, are apt to consider no times so perilous as their own. At all times the enemy of souls assaults with fury the Church which is their true Mother, and at least threatens and frightens when he fails in doing mischief. And all times have their special trials which others have not. And so far I will admit that there were certain specific dangers to Christians at certain other times, which do not exist in this time. Doubtless, but still admitting this, still I think that the trials which lie before us are such as would appall and make dizzy even such courageous hearts as St. Athanasius, St. Gregory I, or St. Gregory VII. And they would confess that dark as the prospect of their own day was to them severally, ours has a darkness different in kind from any that has been before it.» Cf. John Henry Newman, «The Infidelity of the Future», Abertura do Seminário de St. Bernard, 2 de Outubro de 1873. Disponível em: https://www.newmanreader.org/works/ninesermons/sermon9.html (2021/05/13).

[16] Cf. Joseph Ratzinger, *Via Sacra no Coliseu*, 2005, IX Estação.

[17] Cf. Paulo VI, *Omelia: IX Anniversario dell'incoronazione di Sua Santità*, 1972/06/29.

[18] Ver Schall, «The Church's Greatest Crisis», *op. cit.*

não tanto) da descoberta de que os seus clérigos são pecadores, mas também (ou sobretudo) da traição às verdades que o seu Senhor lhe confiou, para que as guardassem e anunciassem. Apesar da redenção que Ele operou, os pecados dos Papas, dos bispos e de todos nós não são demasiado surpreendentes, nem irremediáveis. Afinal, Cristo veio trazer o perdão a todos que o pedissem (dizendo ao mesmo tempo para não tornar a pecar). Por outras palavras, a Igreja não é mortalmente ameaçada por que alguns dos seus ministros e fiéis transgridam os padrões morais cristãos. Antes, a agonia da Igreja aconteceria se ela deixasse de acreditar e sustentar as suas próprias doutrinas, se renunciasse à sua pretensão de verdade e continuidade — assentes na sua fidelidade a Cristo — desde o seu começo.[19]

«Era noite...» (Jo 13, 30)

Sabemos que isso não pode acontecer, de modo definitivo, porque «as portas do inferno não prevalecerão contra ela» (Mt 16, 18). Mas é precisamente isso que algumas Eminências pretendem e se esforçam por conseguir: «mudar, reinventar a Igreja», fazer «uma Igreja nova», convertê-la finalmente à *modernidade*; torná-la irreconhecível, irreversivelmente, mas com a astúcia necessária — com meias-verdades, silêncios cúmplices, «misericórdia» selectiva e selectivo «judgementalism», apelos à «unidade» e ambiguidades cuidadosamente cultivadas — para ser impossível «voltar atrás», e evitar uma «reacção restauracionista». Os protagonistas desta campanha serão talvez hereges que recusam deixar a Igreja — ao contrário dos antigos, que tinham ao menos a hombridade de a abandonar —, permanecendo nela, e aproveitando o seu palco, para a transformar à sua imagem e semelhança (e à da modernidade secular).[20] São *escribas* e *saduceus* que renegam o primado de Deus. Não pregam a Palavra encarnada, nem falam de redenção, da cruz, da ressurreição, da vida eterna e da salvação das almas e, a partir daí, do dever de evangelizar, fecundar e fermentar a sociedade. Em vez disso, papagueiam sem cessar platitudes sobre a necessidade de

---

[19] *Ibidem.*

[20] *Ibidem.*

«diálogo» e de «mudança estrutural». E empenham-se em causas políticas, sociais e ambientais — umas vezes, claramente opostas ao ensino consistente da Igreja (sobre absolutos morais e sacramentais, como a indissolubilidade do casamento, a homossexualidade, a eutanásia, a contracepção e o aborto, especialmente); outras vezes, em matérias opináveis, de partido, sobre as quais os cristãos podem legitimamente dissentir — que apresentam como sendo os dogmas do seu novo *evangelho*, comprazendo a ideologia dominante.[21] «Quantas vezes se contorce e abusa da sua Palavra! Quão pouca fé existe em tantas teorias, quanto palavreado vazio!»[22] Aliás, chegam a ser caricatas — e objecto de comiseração — algumas manifestações recentes desse activismo: por exemplo, o endosso bacoco do culto universal de Greta Thunberg[23], ou o obituário do glaciar islandês Okjökull — que «morreu e todos somos responsáveis por isso»... — publicado em *L'Osservatore Romano*.[24]

Bem sei que «não adianta chorar». É certo que existe uma respeitável tradição elegíaca e tremendista na cultura judaico-cristã: de Jeremias ao Livro das Lamentações, de Paulo, Ireneu, Jerónimo e Agostinho a Bernanos[25], mas eu não tenho, obviamente, qualquer autoridade profética, teológica ou moral que me recomende. Entretanto, «muitos estão prontos a "rasgar as vestes" [em vez dos corações, cf. Joel 2,13] diante de escândalos e injustiças — naturalmente cometidos por outros — mas poucos parecem dispostos a actuar sobre o seu "coração", a sua

---

[21] Cf. Thomas G. Weinandy, OFM, «Pope Francis and Schism», *The Catholic Thing*, 8 de Outubro de 2019. Disponível em: https://www.thecatholicthing.org/2019/10/08/pope-francis-and-schism/ (2020/01/03). Ver Samuel Gregg, «Ratzinger's Cross», *The Public Discourse*, 7 de Dezembro de 2021. Disponível em: https://www.thepublicdiscourse.com/2021/12/79361/ (2021/12/11).

[22] Cf. Joseph Ratzinger, *Via Sacra no Coliseu*, 2005, IX Estação.

[23] Ver «Vatican Calls Greta Thunberg "Great Witness" of Church's Environmental Teaching», *Crux*, 12 de Dezembro de 2019. Disponível em: https://cruxnow.com/vatican/2019/12/vatican-calls-greta-thunberg-great-witness-of-churchs-environmental-teaching/ (2019/12/31).

[24] Cf. «La lettera di addio del ghiacciaio», *L'Osservatore Romano*, 25 de Julho de 2019. Disponível em: http://www.osservatoreromano.va/it/news/la-lettera-di-addio-del-ghiacciaio (2020/12/02).

[25] Cf. Charles J. Chaput, «In Praise of the "New Alarmism"», *First Things*, 2017/03/17. Disponível em: https://www.firstthings.com/web-exclusives/2017/03/in-praise-of-the-new-alarmism (2018/03/23).

consciência e as próprias intenções, deixando que o Senhor os transforme, renove e converta»[26]. Aliás, «as palavras com que Jesus adverte as mulheres de Jerusalém que O seguem e choram por Ele, fazem-nos reflectir. [...] Não se trata porventura de uma advertência contra uma piedade puramente sentimental, que não se torna conversão e fé vivida?» O Senhor chama-nos «a sair da banalização do mal que nos deixa tranquilos para podermos continuar a nossa vida de sempre»[27].

Desamoris tristitia

Não duvido que a Igreja continua «a revelar, velada mas fielmente, o seu mistério, até que por fim se manifeste em plena luz»[28]. E há muito de positivo no magistério recente. Por exemplo, a insistência na «opção preferencial pelos pobres» e a sensibilidade ao gemido do mundo, das multidões «cansadas e oprimidas» (Mt 11, 28); o abraço aos que habitam a «margem esquerda da vida» e a todos os pecadores (como nós...), a quem o Senhor veio chamar, antes que aos justos, recordando que Ele quer «misericórdia e não sacrifício» (Mt 9, 13). Ou a advertência quanto à tentação de um certo «neopelagianismo auto-referencial e prometeico de quem, no fundo, só confia nas suas próprias forças e se sente superior», de quem se «refugia nas próprias seguranças» e «opta pela rigidez auto-defensiva»[29]. Como dizia Ratzinger algures, esse «pelagianismo piedoso» pretende substituir a esperança cristã num Deus verdadeiro e bom — esperança, amor, perdão, dádiva — pela ilusória segurança humana na própria ascese.

Contudo, por vezes, como diz o Papa Francisco, a mensagem recente da Igreja corre «o risco de aparecer mutilada e reduzida a alguns dos seus aspectos secundários. Consequentemente, algumas questões que fazem parte da doutrina moral da Igreja ficam fora do contexto que

---

[26] Cf. Bento XVI, Homilia, 13 de Fevereiro de 2013. Disponível em: https://w2.vatican.va/content/benedict-xvi/pt/homilies/2013/documents/hf_ben-xvi_hom_20130213_ceneri.html (2019/07/14).

[27] Cf. Joseph Ratzinger, *Via Sacra no Coliseu*, 2005, VIII Estação.

[28] Cf. *Gaudium et Spes*, 8.

[29] Cf. Francisco, *Evangelii gaudium*, 94 e 45.

lhes dá sentido. O problema maior ocorre quando a mensagem que anunciamos parece então identificada com tais aspectos secundários, que, apesar de serem relevantes, por si próprios, sozinhos, não manifestam o coração da mensagem de Jesus Cristo», nem «o núcleo essencial do Evangelho que lhe confere sentido, beleza e fascínio»[30].

Foi precisamente isto o que aconteceu.

Assim, por exemplo, o que ficou da *Laudato Si'*, da *Amoris Laetitia*, da *Fratelli Tutti* e de muitos outros pronunciamentos eclesiais (nomeadamente, a bordo do avião papal) — o que grande parte de cristãos e não cristãos captaram e retiveram (à luz da maioria de comentários), apesar das boas intenções e do muito que contêm de valioso — não foi a necessidade de conversão pessoal, o respeito pela Criação, a opção preferencial pelos pobres, a alegria do amor conjugal, a vocação baptismal à santidade, ou a fraternidade dos filhos de Deus. Foi o contrário. Em vez de «fidelidade criativa»,[31] ficou um *aggiornamento* auto-indulgente, acrítico e mal entendido, sob um palreio balofo, ambíguo e politicamente correcto — relativizador da Escritura e da Tradição — que os *media* e os poderes deste século compreensivelmente aplaudem, como se a Igreja, finalmente, se tivesse vergado aos seus ditames. Em vez de misericórdia e compaixão, sobrou a autocomplacência: o conformismo frouxo com o espírito do mundo (Rm 12, 2). Em vez do apelo ao arrependimento e ao êxodo de si próprio, ficou a licença para continuar tranquilamente «a nossa vida de sempre». Enfim, em vez do «sinal de contradição» (Lc 2, 34), do «sal da terra» (Mt 5, 13) e da Palavra que é como uma «espada de dois gumes» (Heb 4, 12), restou uma espiritualidade *light* e *low-cost*: um humanitarismo achatado, horizontal e beato, um cristianismo açucarado, domesticado e «destilado», sem pecado e sem perdão, sem drama ou redenção, sem «loucura» ou «escândalo» para ninguém (1 Cor 1, 23), sem Cruz e sem Páscoa.[32]

---

[30] *Ibidem*, 34.

[31] Cf. Francisco, «Remarks to the Italian Theological Association», *Vatican News*, 2017/12/29. Disponível em: http://www.vaticannews.va/en/pope/news/2017–12/pope-to-italian-theologians--creative-fidelity-needed-to-confron.html (2018/03/23).

[32] O *Relatório de Portugal ao Sínodo 2021/2023*, elaborado pela Equipa Sinodal da Conferência Episcopal Portuguesa (publicado em 2022/08/05, e disponível em https://www.conferenciaepiscopal.pt/v1/sinodo-2021–2023–relatorio-de-portugal/), é um eloquente e triste exemplo desta visão burguesa e mundanizada da Igreja.

O beijo de Judas

Grande parte das controvérsias e desconcerto actuais «tem, na sua origem, a sensação de que certos princípios básicos — que antes eram considerados inegociáveis — foram revogados ou pelo menos implicitamente autorizados a deixar passar. Sob a égide da "misericórdia" e do "discernimento", bem afinados, foi desenvolvido um método que se espera justificar essa acomodação da Igreja àquela modernidade e àqueles seus princípios que todos parecem ansiosos por abraçar»[33].

Por sua vez, o Papa Francisco tem fustigado aqueles — «fariseus» e «fanáticos» ... — que acusa de converterem a doutrina numa mera ideologia, abstraindo das exigências pastorais e necessidades concretas das pessoas, na sua sofrida realidade existencial.[34] É verdade que os perigos do doutrinarismo, do legalismo e da obsessão formulaica são reais, e já causaram danos na história da Igreja. Na realidade, como disse Bento XVI, «no início do ser cristão, não há uma decisão ética ou uma grande ideia, mas o encontro com um acontecimento, com uma Pessoa que dá à vida um novo horizonte e, desta forma, o rumo decisivo»[35]. O cristianismo não é um sistema de verdades fáceis. E o Deus verdadeiro e bom é o «Deus de Jesus Cristo», o «Deus de Abraão, Deus de Isaac, Deus de Jacob e não o dos filósofos», como dizia Pascal.

Contudo, mais uma vez, a mensagem do Papa Francisco sobre este ponto corre o risco de ser mal entendida e permitir uma desfiguração da Fé. O Senhor convidou-nos a segui-Lo. Ele é a Vida, a Verdade e o Caminho; e isso implica um Credo e um conteúdo moral, uma Revelação. A Fé cristã não é uma mera moralidade e, menos ainda, um moralismo; «mas há um conjunto mínimo de questões morais que está indissoluvelmente ligado ao princípio fundacional da fé e que deve ser

---

[33] Cf. James V. Schall, S.J., «Why Be (or Continue to Be) Catholic?», *Crisis Magazine*, 19 de Junho de 2018. Disponível em: https://www.crisismagazine.com/2018/why-be-or-continue-to-be-catholic (2019/12/16).

[34] Cf. Francisco, *Dottrina e ideologia,* Meditazione Mattutina nella Cappella nella Domus Sanctae Marthae, 2017/15/19. Disponível em: http://w2.vatican.va/content/francesco/it/cotidie/2017/documents/papa-francesco-cotidie_20170519_dottrina-e-ideologia.html (2018/03/26).

[35] Cf. Bento XVI, *Deus Caritas Est*,1, citado por Francisco, *Evangelii gaudium,* 7.

defendido para que a fé não seja reduzida a uma teoria»[36], mas interpele realmente a vida concreta das pessoas. E Deus «não pode simplesmente ignorar toda a desobediência dos homens, todo o mal da história, não pode tratá-lo como algo irrelevante e insignificante. Essa espécie de "misericórdia" — de "perdão incondicional" — seria aquela "graça barata", contra a qual Dietrich Bonhoeffer, diante do abismo do mal de seu tempo, com razão se pronunciou. A injustiça, o mal como realidade não pode ser simplesmente ignorado, deixado como está. Deve ser eliminado, vencido. Apenas esta é a verdadeira misericórdia. E que agora, já que os homens não são capazes de o fazer, Deus mesmo o faz — esta é a bondade "incondicional" de Deus, uma bondade que jamais pode estar em contradição com a verdade e a correspondente justiça.»[37] Ora, essa graça e esse perdão reclamam, intrinsecamente, o arrependimento e o propósito de emenda de vida. Mas nós «não nos queremos deixar perturbar demasiado por estas coisas, queremos esquecê-las: pensamos que talvez não seja assim tão grave, e esquecemos. E não se trata apenas de insensibilidade ao mal, quando deveríamos vigiar por fazer o bem, para lutar pela força do bem. É insensibilidade a Deus: eis a nossa verdadeira sonolência; esta insensibilidade pela presença de Deus que nos torna insensíveis também ao mal. Não ouvimos Deus — incomodar-nos-ia — e assim, naturalmente, também não percebemos a força do mal e permanecemos no caminho do nosso bem-estar»[38]. De facto, «a "sonolência" é nossa, de nós que não queremos ver toda a força do mal e não queremos entrar na sua Paixão»[39].

---

[36] Cf. Bento XVI, «The Church and the Scandal of Sexual Abuse», *op. cit.*

[37] Cf. Joseph Ratzinger, *Jesus de Nazaré (II)*, Principia, 2011, pp. 113–114.

[38] Cf. Bento XVI, *Audiência Geral*, 20 de Abril de 2011.

[39] *Ibidem.* Ver também Joseph Ratzinger, *Via Sacra no Coliseu*, 2005, VIII Estação: «o Senhor [...] mostra-nos a seriedade do pecado e a seriedade do juízo. Apesar de todas as nossas palavras de horror à vista do mal e dos sofrimentos dos inocentes, não somos nós porventura demasiado inclinados a banalizar o mistério do mal? Da imagem de Deus e de Jesus, no fim de contas, admitimos apenas o aspecto terno e amável, enquanto tranquilamente cancelamos o aspecto do juízo? Como poderia Deus fazer um drama com a nossa fragilidade — pensamos cá connosco —, não passamos de simples homens?! Mas, fixando os sofrimentos do Filho, vemos toda a seriedade do pecado, vemos como tem de ser expiado até ao fim para poder ser superado. Não se pode continuar a banalizar o mal, quando vemos a imagem do Senhor que sofre. Também a nós, diz Ele: Não choreis por Mim, chorai por vós próprios... porque se tratam assim o madeiro verde, que será do madeiro seco?»

Chesterton observou que «quando um sistema religioso é estilhaçado — como foi estilhaçado o cristianismo aquando da Reforma —, não são apenas os vícios que são postos em liberdade. Os vícios são, de facto, postos em liberdade, e eles deambulam livremente e causam estragos. Mas as virtudes também ficaram à solta; e as virtudes vagueiam muito mais loucamente e causam estragos ainda mais terríveis. O mundo moderno está cheio de velhas virtudes cristãs enlouquecidas. As virtudes enlouqueceram porque foram isoladas umas das outras e obrigadas a vaguear solitárias. Assim, alguns cientistas preocupam-se com a verdade, e a verdade deles é impiedosa. Assim, alguns humanitários preocupam-se apenas com a piedade, e a piedade deles — lamento dizê-lo — é muitas vezes falsa.»[40] Chesterton refere-se à «estranha ideia» de que seria possível tornar mais fácil o perdão dos pecados, bastando dizer «que não há pecados para perdoar»[41]. Dessa forma, «extravia[-se] inclusivamente o nosso desejo de fazer o bem, isolando as bondades que a verdade vincula: a justiça sem misericórdia, que se torna crueldade, frente à misericórdia sem justiça, que se torna laxismo [...], a verdade sem amor, que é a fé dos demónios, frente ao amor sem verdade, que é a filantropia do diabo. Corremos atrás dessas virtudes parciais, que são vícios completos, e o mundo pode perecer pela nossa diligência.»[42] E, assim, «é frequente ouvirmos dizer a partir do púlpito: "Deus ama-te, Deus ama-te tal como és". Não é preciso mudar, não é necessária uma conversão, não há necessidade de arrependimento, não é precisa a Confissão, não precisas de penitência, podes deleitar-te na mesa do Senhor. Só há um problema: ninguém que esteja em conflito consigo mesmo ou com os outros, ou que alguma vez tenha experimentado a misericórdia, acredita nesta mensagem. Ela soa como uma poção mágica.»[43]

---

[40] Cf. G. K . Chesteron, *Orthodoxy*, início do Capítulo III, «The Suicide of Thought».

[41] *Ibidem.*

[42] Cf. Fabrice Hadjadj, *La fe de los demonios (o el ateísmo superado)*, Granada: Editorial Nuevo Inicio, 2011, pp.156–157.

[43] Cf. Gabriele Kuby, *A Revolução Sexual Global — Destruição da Liberdade em Nome da Liberdade*, Principia, pp. 288–9. Aliás, «se dissermos que não temos pecado, enganamo-nos a nós mesmos, e não há verdade em nós. Se confessarmos os nossos pecados, Ele é fiel e justo para nos perdoar os pecados, e nos purificar de toda a injustiça» (I Jo, 1, 8–9).

«Antes que passem o céu e a terra, não passará da Lei a mais pequena letra ou o mais pequeno sinal» (Mt 5, 17)

Por outro lado, a doutrina e formulação teológica são necessárias para dar expressão verbal à pretensão de realismo e verdade a que a Fé bíblica não pode renunciar: para prevenir uma interpretação mitológica, alegórica ou meramente simbólica e poética da Escritura; e para assegurar a natureza racional da Fé, que — embora transcendendo a razão e quaisquer experiências religiosas subjectivas — mesmo assim apela à razão e reivindica poder dizer a verdade que salva.[44] Por outro lado ainda, a pastoral — e, em geral, a acção correcta a adoptar de acordo com as circunstâncias, a *ortopraxis* — não se pode desligar de uma *ortodoxia* que a fundamente: para ter algum sentido, pressupõe sempre a existência de um núcleo definido, um princípio, uma doutrina, verdadeira ou falaciosa, sobrenatural ou humana.[45] E é «precisamente a doutrina cristã [...] que liberta o homem das ideologias mundanas e lhe garante estar a pregar e ensinar o Evangelho verdadeiro, dador de vida». Quando se desvaloriza a doutrina cristã, o que resta em alternativa é, agora sim, a ideologia: «uma ideologia que se conforma ao mundo do pecado e da morte»[46].

Em terceiro lugar, quanto ao desenvolvimento doutrinal sob a acção do Espírito — algo que sempre foi reconhecido pela Igreja —, vale a pena evocar alguns dos critérios enunciados pelo santo Cardeal Newman no seu *Essay on the Development of Christian Doctrine* (1845) para a distinção entre a autêntica e a falsa evolução doutrinal: a primeira inscreve-se numa «continuidade de princípios» e numa «sequência lógica» face aos ensinamentos precedentes e é denotada pelo que Newman chama «poder de assimilação»: o verdadeiro desenvolvimento ocorre quando o cristianismo é capaz de informar e influir na cultura ambiente, enquanto a corrupção doutrinal acontece, ao

---

[44] Cf. Joseph Ratzinger, *Truth and Tolerance: Christian Belief and World Religions*, San Francisco: Ignatius Press, 2004, pp. 93, 125–126.

[45] *Ibidem*.

[46] Cf. «Thomas Weinandy's Letter to Pope Francis», *National Catholic Register*, 2017/07/31. Disponível em: http://www.ncregister.com/blog/edward-pentin/full-text-of-father-weinandys-letter-to-pope-francis, (2018/03/24).

contrário, quando o contexto cultural absorve e devora o cristianismo.[47] Ora, as interpretações da *Amoris Laetitia* no sentido de uma «mudança de paradigma», por exemplo, ao jeito da ideologia dominante, não passam no teste. É certamente necessário deixar-se surpreender pelo Espírito Santo — na Sua eterna novidade e liberdade — no desenvolvimento e aplicação da doutrina, bem como evitar a petrificação da tradição. Não se pode «engaiolar o Espírito Santo»[48], sim. Mas também não se deve invocar o nome do Espírito Santo em vão, «como pretexto para servir a carne» (Gal 5, 13), como parecem fazer alguns. Aliás, «a acção do Espírito não se coloca fora ou ao lado da de Cristo. Trata-se de uma única economia salvífica de Deus Uno e Trino, realizada no mistério da encarnação, morte e ressurreição do Filho de Deus, actuada com a cooperação do Espírito Santo e estendida, no seu alcance salvífico, à inteira humanidade e ao universo.»[49]

Por último, vale a pena também recordar — com Chesterton, mais uma vez, na sua defesa da ortodoxia — que o Papa não dirige «um rebanho de ovelhas, mas uma manada de touros e tigres, de ideais terríveis e doutrinas devoradoras, cada uma delas suficiente forte para se converter numa religião falsa e devastar o mundo [...]. Uma frase formulada erroneamente sobre a natureza do simbolismo teria quebrado todas as melhores estátuas da Europa. Um lapso nas definições poderia paralisar todas as danças, poderia fazer murchar todas as árvores de Natal ou quebrar todos os ovos de Páscoa. As doutrinas tinham que ser definidas dentro de limites estritos, até mesmo para que o homem pudesse gozar das comuns liberdades humanas [...]. A Igreja ortodoxa

---

[47] Ver Gerhard Müller, «Development, or Corruption?», *First Things*, 2018/02/20. Disponível em: https://www.firstthings.com/web-exclusives/2018/02/development-or-corruption (2018/03/26).

[48] Cf. Francisco, *Espíritu enjaulado,* Missas Matutinas na Capela de la *Domus Sanctae Marthae,* 2016/05/30. Disponível em: https://w2.vatican.va/content/francesco/es/cotidie/2016/documents/papa-francesco-cotidie_20160530_espiritu-enjaulado.html (2018/03/29).

[49] Cf. *Dominus Iesus*, 12. No mesmo número diz-se também o seguinte: «Há ainda quem sustente a hipótese de uma economia do Espírito Santo com um carácter mais universal que a do Verbo Encarnado, crucificado e ressuscitado. Também essa afirmação é contrária à fé católica, que, ao contrário, considera a encarnação salvífica do Verbo um acontecimento trinitário.»

nunca seguiu o caminho mole nem aceitou as convenções; a Igreja ortodoxa nunca foi respeitável. Teria sido mais fácil aceitar o poder terreno dos arianos. Teria sido fácil, no calvinista século XVII, cair no abismo sem fundo da predestinação. É fácil ser um louco; é fácil ser herege. É sempre fácil deixar cada época seguir o seu rumo; o difícil é manter o próprio.»[50]

Ainda vale a pena ser católico?

Estando as coisas como estão, ainda vale a pena ser católico? A resposta é «sim», indubitavelmente. Se não, «a quem iríamos?», só Ele tem «palavras de Vida eterna» (Jo 6, 68). «What else is there?», como costumava dizer o novelista Walker Percy quando lhe perguntavam porque se tinha convertido ao catolicismo. E a única razão válida para isso, portanto, é que aquilo que a Igreja ensina é verdadeiro, pela sua origem imediata no próprio Deus.[51] Mas não valeria a pena, se assumíssemos que Jesus não quis revelar nada que fosse permanente e universal, ou se considerássemos que não se pode saber com segurança o que Jesus fez ou disse (uma vez que, afinal, no Seu tempo não haveria estenógrafos e «ninguém tinha um gravador»[52]...)[53]. Se fosse assim,

[50] Cf. G. K. Chesteron, *Orthodoxy*, final do Capítulo VI, «The Paradoxes of Christianity».

[51] Ver Schall, «Why Be (or Continue to Be) Catholic?», *op. cit.*

[52] Ver Giuseppe Rusconi, «Padre Sosa: Parole di Gesu'? Da Contestualizzare!», *Rossoporpora.org*, 2017/02/18. Disponível em: https://www.rossoporpora.org/rubriche/interviste-a-personalita/672–gesuiti-padre-sosa-parole-di-gesu-da-contestualizzare.html (2021/01/10).

[53] A este propósito, vale a pena evocar, por exemplo, o que escreve Joseph Ratzinger sobre a validade (enquanto Revelação) do Evangelho de S. João: «o Evangelho de S. João, enquanto «Evangelho pneumático», não fornece simplesmente uma espécie de transcrição estenografada das palavras e dos actos de Jesus, mas, em virtude do compreender recordando, acompanha-nos mais além do aspecto exterior até à profundidade da palavra e dos acontecimentos, aquela profundidade que provém de Deus e a Ele conduz. O Evangelho enquanto tal é «recordar», o que significa que o mesmo se limita à realidade acontecida e não é uma epopeia sobre Jesus, nem uma violência sobre os factos históricos. Ao invés, mostra-nos verdadeiramente a pessoa de Jesus tal como Ele era e, precisamente desta maneira, mostra-nos Aquele que não só era,

então deveríamos ser nós a fazer a Igreja (se fosse assim, «Nós somos [a] Igreja»...), adaptando e «discernindo» a Sua (supostamente ambígua) mensagem, de acordo com o *zeitgeist*[54] (ou com o *volksgeist*) mascarado de Espírito Santo. Mas criar uma Igreja nova — como querem alguns — já foi experimentado e não resultou: «uma Igreja que se faz a si mesma não pode dar lugar à esperança»[55]. Além de que, como dizia ainda Chesterton, algures, «casar-se com o espírito do tempo é condenar-se a ficar rapidamente viúvo».

Oscar Wilde terá afirmado, famosamente, que «a Igreja Católica Romana é para os santos e para os pecadores. Para as pessoas respeitáveis, a Igreja Anglicana serve perfeitamente». Embora se perceba o que ele quis dizer, e o que tem de verdadeiro, a frase não é inteiramente correcta. Na realidade, a Igreja Católica Romana é para todas as pessoas; e é melhor caracterizada com sendo «um hospital para pecadores» que procuram ser santos, do que como «um museu de santos», como S. Agostinho, ou S. João Crisóstomo, ou ambos, escreveram em termos semelhantes. Na mesma linha, Charles Péguy terá dito que «não há ninguém tão competente em matéria de cristianismo quanto um pecador. Ninguém, excepto o santo. Em geral, trata-se da mesma pessoa»... Pelo caminho, procuramos ser «pessoas respeitáveis», por boas razões. De qualquer modo, o *dictum* de Wilde é útil para observar que não valeria a pena ser católico se trilhássemos o «caminho sinodal da Igreja na Alemanha», por exemplo. Para isso — auto-secularização, mundanização, relativismo moral, rendição cultural, com uns toques de espiritualidade e uns torrões de «paz e amor» —, a Igreja Anglicana e as Igrejas Protestantes *liberais* alemãs (já em estado comatoso, aliás), com todo o respeito, «servem perfeitamente».[56] Tampouco valeria a

---

mas que é; Aquele que, em todos os tempos, pode dizer na forma presente: "Eu sou". "Antes de Abraão existir, *Eu sou.*" (Jo 8, 58) Este Evangelho mostra-nos o verdadeiro Jesus, e podemos usá-lo tranquilamente como fonte sobre Jesus.» Cf. *Jesus de Nazaré (I)*, Lisboa, A Esfera dos Livros, 2007. p. 298. Ver também pp. 290 ss., sobre o mesmo assunto.

[54] Ver Schall, «Why Be (or Continue to Be) Catholic?», *op. cit.*

[55] Cf. Bento XVI. «The Church and the Scandal of Sexual Abuse», *op. cit.*

[56] Ver Gerhard Ludwig Müller, «On the Synodal Process in Germany and the Synod for the Amazon», *Catholic Culture*, 26 de Junho de 2019. Disponível em: https://www.catholicculture.org/culture/library/view.cfm?recnum=12184 (2020/01/02); e George Weigel

pena ser católico, francamente, se levássemos a sério o *Instrumentum Laboris* do malfadado Sínodo da Amazónia de Outubro de 2019, na perspectiva de certos Cardeais. Para isso — a «conversão ecológica» e o culto da «sabedoria ancestral» dos povos indígenas (como se essa sabedoria, pejada de superstição, panteísmo e paganismo, não carecesse de ser redimida, purificada e iluminada pela Revelação em Cristo)[57] —, a deusa Pachamama e as religiões pré-colombianas «servem perfeitamente».

Também não valeria a pena ser católico se a Igreja se transformasse num mero agente de qualquer nova ordem mundial, política, social e sanitária, onde reinasse a justiça, o progresso, o bem-estar e a salvaguarda do ambiente[58], como parece querer aquele Bispo que afirmou que é na República Popular da China que melhor se pratica a doutrina social da Igreja (!)[59], ou aquele Cardeal que preside à *Pontifícia Academia para a Vida*, responsável pela proeza de emitir um documento de mais de quatro mil palavras sobre a Covid-19 sem nomear Deus uma

---

«An Open Letter to Cardinal Reinhard Marx», *First Things*, 2019/03/27 Disponível em: https://www.firstthings.com/web-exclusives/2019/03/an-open-letter-to-cardinal-reinhard-marx (2020/01/02).

[57] Cf. Gerhard Ludwig Müller, «Full Text of Cardinal Mueller's Analysis on the Working Document of the Amazon Synod», *Catholic Herald*, 17 de Julho de 2019. Disponível em: https://catholicherald.co.uk/news/2019/07/17/full-text-of-cardinal-muellers-analysis-on-the-working-document-of-the-amazon-synod/ (2020/01/02).

[58] «Isto até soa bem! Seguindo este caminho parece possível que a mensagem de Cristo seja finalmente abraçada por todos, sem ter de evangelizar as outras religiões; agora a Sua palavra parece ter assumido finalmente um conteúdo prático, e a realização do "Reino" poderia agora tornar-se uma tarefa comum e desta forma aproximar-se. Quando, porém, se observa com maior atenção, fica-se perplexo: de facto, quem nos diz o que é a justiça? Em concreto, o que é que está ao serviço da justiça? Como se constrói a paz? A verdade é que todo o raciocínio, visto com atenção, se revela mero palavreado utópico sem conteúdo real, a não ser que no fundo se pressuponham, como conteúdo destes conceitos que todos devem acolher, doutrinas de partido. Acima de tudo, resulta este dado: Deus desapareceu; quem age agora é apenas o homem.» Cf. Joseph Ratzinger, *Jesus de Nazaré*, Lisboa, A Esfera dos Livros, 2007, pp. 87–89.

[59] Cf. «"China is the best implementer of Catholic social doctrine", says Vatican bishop», *Catholic Herald*, 6 de Fevereiro de 2018. Disponível em: https://catholicherald.co.uk/news/2018/02/06/china-is-the-best-implementer-of-catholic-social-doctrine-says-vatican-bishop/ (2020/01/14).

única vez[60] (e, aparentemente, não por temer invocar esse Nome em vão). Para tudo isso — uma filantropia pós-cristã, um suposto «novo humanismo», ou um insípido «Deísmo Moralista Terapêutico»[61] —, a ONU, a miríade de ONG que pululam irrequietas em seu redor, o *World Economic Forum* e a menina Greta «servem perfeitamente».

Ou seja, nesses casos, a Igreja Católica não serviria para nada.[62] Em certo sentido, esse deísmo é mais até perigoso, porque insidioso e autoindulgente, do que o ateísmo. Desfigura gradualmente o rosto do Deus bíblico, um Deus vivo e salvador, agora caricaturado como «*le bon Dieu*»: um deus domesticado e manejável, sem incómodas exigências de conversão, «demasiado humano», criado pelo homem à sua imagem e semelhança, como eram os ídolos do Antigo Testamento, os *baalim* e os *astartes*, cujo culto tentava recorrentemente o povo judeu[63], como agora nos tenta a nós. Aliás, recorde-se que «a suprema impostura religiosa é a do Anticristo, isto é, a de um pseudo-messianismo em que o homem se glorifica a si mesmo, substituindo-se a Deus e ao seu Messias Encarnado [...], principalmente sobretudo sob a forma política de um messianismo secularizado, "intrinsecamente perverso"»[64].

---

[60] Cf. *Humana Communitas in the Age of Pandemic: Untimely Meditations on Life's Rebirth*, Pontifical Academy for Life, Vatican City, 22 de Julho 2020.

[61] Expressão cunhada por Christian Smith e Melinda Lundquist Denton em *Soul Searching: The Religious and Spiritual Lives of American Teenagers*, Oxford University Press, 2009.

[62] «O moralismo político [...] não só não abre o caminho para a regeneração como a bloqueia. E o mesmo se pode dizer de um cristianismo e de uma teologia que reduzem o cerne da mensagem de Jesus, o "Reino de Deus", aos "valores do Reino", identificando esses valores com as grandes palavras-chave do moralismo político, proclamando-as, ao mesmo tempo, como síntese das religiões. Assim, no entanto, Deus é esquecido, apesar de ser Ele o sujeito e a causa do Reino de Deus. Em seu lugar estão grandes palavras (e valores) que se prestam a qualquer tipo de abuso.» Cf. Joseph Ratzinger, *A Europa na Crise das Culturas*, Subiaco, 1 de Abril. Disponível em: https://es.zenit.org/2005/05/18/la-ultima-conferencia-de-ratzinger-europa-en-la-crisis-de-las-culturas/ (2021/11/18)

[63] Cf. Dominique Barthélemy, *Dieu et son image*, Paris, Cerf, 2004, p. 96.

[64] Cf. *Catecismo da Igreja Católica*, 675–676. Neste âmbito, além do mais, «devemos recusar as posições políticas e os comportamentos que se inspiram numa visão utópica que, ao transformar a tradição da fé bíblica numa espécie de profetismo sem Deus, instrumentaliza a mensagem religiosa, orientando a consciência para uma esperança unicamente terrena que anula ou redimensiona a tensão cristã para a vida eterna».

Se o primado de Deus não for respeitado, se Deus for considerado entidade facultativa ou secundária (que se poderia colocar entre parenteses ou até mesmo considerar como estorvo ou alienação ....) em nome de coisas supostamente mais importantes (como a desigualdade, a justiça, a paz, as alterações climáticas...), então falham precisamente essas coisas pretensamente mais importantes: deixa-se de conseguir a justiça, deixa de se atender às pessoas que sofrem...[65] Não se pode organizar o mundo com estruturas simplesmente materiais, prescindindo de Deus. «Se o coração do homem não for bom, então nada se pode tornar bom. E a bondade do coração só pode vir d'Aquele que em Si mesmo é a Bondade, o Bem.»[66]

Por fim, não valeria a pena ser católico se o pluralismo e a diversidade de religiões fossem, em si mesmos, «expressão de uma sábia vontade divina, com que Deus criou os seres humanos»[67], como se pode ler na «declaração de Abu Dhabi». Para isso, o «Parlamento das Religiões do Mundo», do aclamado teólogo dissidente (recentemente falecido) Hans Küng, «serve perfeitamente». Com efeito, «o pluralismo religioso, não apenas *de facto*, mas também *de iure* (ou *de principio*)» não parece compatível, por exemplo, com «o carácter definitivo e completo da revelação de Jesus Cristo, a natureza da fé cristã em relação com a crença nas outras religiões, o carácter inspirado dos livros da Sagrada Escritura [...], a unicidade e universalidade salvífica do mistério de Jesus Cristo, a mediação salvífica universal da Igreja, a não separação, embora com distinção, do Reino de Deus, Reino de Cristo e Igreja, a subsistência na Igreja Católica da única Igreja de Cristo»[68] e, enfim, com «a afirmação de que no mistério de Jesus Cristo, Filho de Deus Encarnado [...] se dá a revelação da plenitude da verdade divina»[69],

---

Cf. Congregação para a Doutrina fa Fé. *Nota Doutrinal sobre Algumas Questões relativas à Participação e Comportamento dos Católicos na Vida Política*, 7.

[65] Cf. Joseph Ratzinger, *Jesus de Nazaré*, p. 64.

[66] *Ibidem*, p. 65.

[67] Cf. Papa Francisco e Grande Imã Al-Tayyib, *A Document on Human Fraternity for World Peace and Living Together*, 4 de Fevereiro de 2019.

[68] Cf. Congregação para a Doutrina da Fé, *Declaração «Dominus Iesus» sobre a Unicidade e a Universalidade Salvífica de Jesus Cristo e da Igreja*, 6 de Agosto 2000, 4.

[69] Cf. *Dominus Iesus*, 5.

afirmação que «deve, de facto, *crer-se firmemente*»[70], e sem a qual todo o esforço missionário perderia justificação.

Isto não significa menor empenho e respeito por todos os balbuceios e esforços humanos na busca de Deus; nem por todas as tentativas nobres de melhorar o mundo. Ter Fé no Senhor não é confinável à esfera de uma piedade privada e espiritualista, numa dimensão unicamente escatológica, indiferente à sorte da cidade dos homens. É uma adesão vital a um Deus pessoal, algo que compromete a vida, a totalidade do ser, e deve ser encarnada neste século.[71] Isto significa que a Igreja tem aí uma palavra decisiva, sim, mas uma Palavra nova, diferente, que mais ninguém pode pronunciar do mesmo modo. Aliás, só à luz da cruz do Crucificado se pode justamente sopesar o sofrimento humano inocente.[72] Como reza o rei Baltasar, de Sophia: «Senhor, eu vi. Vi a carne do sofrimento, o rosto da humilhação, o olhar da paciência.

---

[70] *Ibidem*, 4 (itálico no original). Aliás, «se as tradições religiosas [...] são o resultado de um compromisso genuíno com a busca da verdade, a discordância das reivindicações de verdade entre os crentes deve ser tomada como um sinal de que algumas dessas buscas, ou mesmo todas, fracassaram. Se duas tradições religiosas fazem alegações de verdade incompatíveis — sobre a natureza ou identidade da divindade, por exemplo — pelo menos uma dessas tradições deve estar errada, pelo menos nesse ponto particular.» Nesse caso, como pode o pluralismo religioso, *em si mesmo*, ser um bom estado de coisas e expressão da sabedoria de Deus? (cf. Christopher O. Tollefsen, «Is There Value in Religious Pluralism?», *The Public Discourse*, 12 de Junho de 2009. Disponível em: https://www.thepublicdiscourse.com/2009/06/270/ (2019/12/24)).

Todavia, o pluralismo religioso tem valor verdadeiro, embora não em si mesmo, em dois sentidos, pelo menos: por um lado, ele é manifestação da «vontade permissiva» de Deus, que não quer servos, mas filhos, e respeita a nossa liberdade e os tempos do nosso encontro com Ele; por outro lado, do ponto de vista político, o pluralismo religioso é resultado da liberdade religiosa dos cidadãos, na sua procura da verdade sobre Deus. Sobre este assunto, que é mais complicado do que isto, ver Joseph Ratzinger, «The Unity and Diversity of Religions» e «Inclusivism and Pluralism» in *Truth and Tolerance*, pp. 15–44 e 80–84, respectivamente.

[71] Cf. Pedro Rosa Ferro, *Política, Ciência e Consciência*, Coimbra: Almedina, 2020, p. 147.

[72] Aliás, «quem, senão o Rei escarnecido e humilhado, pode dar resposta às expectativas de tantos homens e mulheres sem esperança e sem dignidade? Quem, senão o Filho de Deus crucificado, pode compreender a dor e a solidão de tantas vidas destruídas e sem futuro?» Cf. João Paulo II, *Alocução no Final da Via-Sacra no Coliseu*, Sexta-feira Santa, 21 de Abril de 2000.

E como pode aquele que viu estas coisas não te ver? E como poderei suportar o que vi se não te vir?»[73]

Assim, vale a pena continuar a ser católicos, hoje, somente se aquela Palavra permanecer audível e continuar a ressoar através da Igreja, «somente se aqueles mesmos ensinamentos e práticas que foram transmitidos e garantidos ao longo dos tempos continuarem a ser o fundamento da Igreja. Essa Revelação em todas as suas ramificações é o que melhor explica o significado e o destino humano. Se a substância dessa Revelação não for defendida e confirmada, a questão já não é um problema meramente humano de ser ou não leal a uma tradição; é a do colapso da própria Revelação, uma vez que ela já não seria credível nos seus próprios termos.»[74]

«Eu estarei sempre convosco» (Mt 28, 20)

Mas porque é que o Senhor permite esta situação, tão crítica, na Sua Igreja? É certo que «antes do advento de Cristo, a Igreja deve passar por uma provação final, que abalará a fé de numerosos crentes.»[75] Nesse caso, «Surely some revelation is at hand;/ Surely the Second Coming is at hand», como dizia Yeats. Mas, como sabemos, a notícia de que estamos no fim dos tempos tem sido frequentemente exagerada (embora não seja de excluir). Outra resposta possível àquela pergunta é a de que Ele quer justamente fazer notar quão fraca — e quão «morta» (Tg 2, 26) — é a nossa Fé, mesmo na hierarquia da Igreja, e fazer vir à superfície o que antes estava escondido, «descobrindo os pensamentos ocultos de muitos corações» (Lc 2, 35). S. Paulo já tinha avisado que «é preciso que haja entre vós divisões [heresias], para que possam manifestar-se os que são de uma virtude provada» (1 Co 11, 18–19). É verdade que as sementes desta deplorável crise já estavam presentes na Igreja (nos seminários, nas famílias, nos casais, na catequese, na ausência de testemunho cristão de muitos de nós, eu incluído...)

---

[73] Cf. Sophia de Mello Breyner Andresen, «Os Três Reis do Oriente, III», *Contos Exemplares*.

[74] Cf. Schall, «Why Be (or Continue to Be) Catholic?», *op. cit.*

[75] Cf. *Catecismo da Igreja Católica*, 675.

antes de Francisco[76], em consequência da exposição aos «ácidos da modernidade». Realmente, não temos muitas razões para a autocomplacência. Agora, ao reconhecer cruamente a sua (nossa) fragilidade, a Igreja poderá purificar-se e renovar-se.[77] Só através de uma certa desmundanização poderá a Igreja tornar-se o que ela é: a comunidade dos fiéis — «somente quando ela deixar de ser uma conclusão barata e previsível, somente quando começar de novo a mostrar-se como realmente é, poderá chegar aos ouvidos dos novos pagãos a sua boa nova, uma vez que até agora eles têm estado submetidos à ilusão de que não eram verdadeiros pagãos»[78]. Entretanto, a «garantia de Cristo é de estar connosco até ao fim, tendo os Seus ensinamentos e as práticas da Sua vida no centro da nossa»[79]. De passagem, podemos recordar — para nossa consolação — o suposto diálogo entre Napoleão e o Cardeal Ercole Consalvi: «Je détruirai votre Église!» ameaçou o tirano; ao que respondeu o Cardeal, «Votre Majesté, ça fait dix-huit siècles que nous essayons de faire cela et nous n'avons pas réussi...» Com duzentos e tal anos a mais, e com idêntica esperança, podemos talvez dizer o mesmo.

Mas será que «quando vier o Filho do homem porventura encontrará ainda fé sobre a terra?» (Lc 18, 8). Tal como outrora, não poucas vezes, parece que a nave da Igreja quase se afunda, ameaçada pelo mar encrespado e assolada pelos ventos da história. E Jesus, exausto, dorme na barca, aparentando não Lhe importar que pereçamos (Mc 4, 38). A propósito, Bento XVI — quando «Jesus cai pela terceira vez», na Via Sacra — comenta: «Satanás ri-se porque [...] espera que Vós, tendo sido arrastado na queda da vossa Igreja, ficareis por terra derrotado. Mas Vós erguer-Vos-eis. Vós levantastes-Vos, ressuscitastes e podeis

[76] Já em 1958, Joseph Ratzinger fazia notar que a Igreja, na Europa, não seria mais, como era ao princípio, «uma Igreja composta de pagãos que se tornaram cristãos», e teria passado a ser «uma Igreja de pagãos, que ainda se dizem cristãos», mas realmente já não deveriam chamados assim, porque seriam sobretudo crentes, mais ou menos, de alguma filosofia secular. Cf. Joseph Ratzinger, «The New Pagans and the Church», 1958, *Homiletic & Pastoral Review*. Disponível em: https://www.hprweb.com/2017/01/the-new-pagans-and-the-church/ (2021/12/11).

[77] Ver «Thomas Weinandy's Letter to Pope Francis», *op. cit.*

[78] Cf. Ratzinger, «The New Pagans and the Church», *op. cit.*

[79] Ver Schall, «Why Be (or Continue to Be) Catholic?», *op. cit.*

levantar-nos também a nós.» E depois implora: «Salvai e santificai a vossa Igreja. Salvai e santificai a todos nós.»[80]

«Com temor e tremor» (Fil. 2, 12), rezemos especialmente pelo nosso Papa Francisco (a cujo apelo à *parrhesia*[81] procuro acolher-me neste texto) e pelo Papa que vier a seguir. E, entretanto, podemos avivar a consciência de que não nascemos nem cedo nem tarde de mais. Agora, a nossa grande tentação é deixar-nos possuir por um zelo azedo, virar a cara aos problemas actuais, ansiar pelo regresso ao passado, real ou presumido, e temer ou desesperar do futuro, do mundo e até da vida. E a nossa resposta deve consistir, antes, no abraço aos desafios presentes e vindouros, com alegria e profunda confiança em Deus, aconteça o que acontecer, fazendo a nossa parte na missão da Igreja e, consequentemente, na renovação da sociedade e do nosso mundo (que amamos), contracorrente se for preciso (como está a ser).[82] Como disse Bonhoeffer, «quem foge do presente, foge da hora de Deus»[83]. Bento XVI (cuja morte acaba de ocorrer, no momento em que escrevo estas linhas), lembrou que não devemos ter «medo do mundo, nem do futuro, nem da nossa debilidade. O Senhor concedeu-nos viver neste momento da história, repleto de grandes possibilidades e oportunidades, para que, graças à nossa fé, continue a ressoar o nome de Cristo em toda a terra»[84]. Afinal, também a nós o Senhor dirige as palavras outrora endereçadas por Deus a Josué: «não tenhas receio e sê forte, porque o Senhor teu Deus está contigo para onde quer que vás» (Josué 1, 9). E, afinal, tal como caíram então as muralhas de Jericó, ao som das trombetas (Josué 6, 20), cairão também agora os muros de toda a espécie que nos parecem inexpugnáveis.

---

[80] Cf. Ratzinger, *Via Sacra no Coliseu*, 2005, IX Estação.

[81] Cf. Francisco, *Introductory Remarks by His Holiness Pope Francis* (Sínodo da Família, 2015), 2015/10/05.

[82] Cf. Austin Ruse, *Under Siege. No Finer Time to be a Faithful Catholic*, Crisis Publications, 2021. Ver «*endorsements*» de Anthony Esolen, Mike Aquilina e Scott Hahn.

[83] Cf. Dietrich Bonhoeffer, *Predigten, Auslegungen, Meditationen* I, 1984, pp. 196–202.

[84] Cf. Bento XVI, homilia no aeródromo de Cuatro Vientos na JMJ, 20/08/2011 (não foi pronunciada, devido a uma tempestade repentina, na vigília com os jovens).

EPÍLOGO

Thalassa! Thalassa!

Xenofonte (*Anabasis*)

Tem-se dito que o Ocidente pode estar perigosamente perto do seu «*Weimar Moment*», sobre as mesmas brasas que inflamaram a ascensão dos totalitarismos. Entre elas, é habitual apontar a depressão económica, a humilhação social, a perda de confiança nas instituições e a chicana política dessa época. Mas dever-se-iam também avocar o naufrágio moral do período de entre guerras (que com aqueles factores está relacionado, em parte) — como Stefan Zweig, por exemplo, contou eloquentemente em *O Mundo de Ontem* — e a fermentação de ideologias odiosas e odientas, como o comunismo marxista e o nazismo (resíduos tóxicos de certas filosofias oitocentistas...). Entretanto, também já se ouviu dizer que o constitucionalismo democrático liberal se aproxima de um «momento *Titanic*» (para retomar a metáfora marítima com que iniciámos este livro), pela sua presunção arrogante de que seria inafundável[1] — que o teria tornado condescendente ou complacente ante os repetidos avisos da presença de *icebergs* nas redondezas — e pela sua sobranceria e menosprezo face aos «passageiros da 3.ª classe»... Talvez seja um exagero. De qualquer modo, o fantasma desses dois «momentos» pode ajudar-nos a tomar consciência das

[1] Como sabe, na cultura popular, o naufrágio do *Titanic* foi associado, de modo moralizante, a uma certa *hybris* da época, sinalizada e ilustrada pelo rumor de que no dia de seu lançamento algum funcionário do armador teria afirmado que «*God himself could not sink this ship*»...

fragilidades da nossa civilização, entre as quais se contam o niilismo banal das últimas décadas e a pretensão fáustica de «redefinir» a pessoa humana, homem e mulher — «playing God»... — que permeiam o nosso ambiente cultural.

Não é difícil ficar descoroçoado e mesmo zangado quer com os males de todos os tempos — sofrimento, violência, injustiça, profanação da dignidade humana... — quer com os específicos do nosso. Além disso, como alguém disse, «a vida já é suficientemente difícil e azarenta: ter esperança em que as coisas podem melhorar só pioraria a situação...». E também já tivemos a nossa dose de «amanhãs que cantam»...[2]

Dito isto, a verdade é que precisamos de uma certa esperança. Sem alguma esperança, não é possível sonhar, lutar e viver, inclusivamente no âmbito político. Essa esperança não poderá ser fornecida por sermões ou exortações, ou por qualquer optimismo vácuo, sentimental e meramente retórico. E não é apenas um artifício psicológico para a sobrevivência. É também razoável: em contraste com a resignação e fatalismo pagãos, a tradição judaico-cristã considera a esperança como uma virtude, fundada na Fé num Deus benevolente e omnipotente, criador de um mundo bom, e velador providencial pela história e vida das pessoas e comunidades[3] (por vezes, de modo misterioso...),

---

[2] «A época moderna desenvolveu a esperança da instauração de um mundo perfeito que, graças aos conhecimentos da ciência e a uma política cientificamente fundada, parecia tornar-se realizável. Assim, a esperança bíblica do reino de Deus foi substituída pela esperança do reino do homem, pela esperança de um mundo melhor que seria o verdadeiro "reino de Deus". Esta parecia finalmente a esperança grande e realista de que o homem necessita. Estava em condições de mobilizar — por um certo tempo — todas as energias do homem; o grande objectivo parecia merecedor de todo o esforço. Mas, com o passar do tempo fica claro que esta esperança escapa sempre para mais longe. [...] Deste modo, apesar de ser necessário um contínuo esforço pelo melhoramento do mundo, o mundo melhor de amanhã não pode ser o conteúdo próprio e suficiente da nossa esperança. E, sempre a este respeito, pergunta-se: Quando é "melhor" o mundo? O que é que o torna bom? Com qual critério se pode avaliar o seu ser bom? E por que caminhos se pode alcançar esta "bondade"?» Cf. Bento XVI, *Spe salvi*, 30.

[3] Ver Stefan McDaniel, «Hope in a Democratic Age», *The Public Discourse*, 22 de Janeiro de 2010. Disponível em: https://www.thepublicdiscourse.com/2010/01/1122/ (2022/10/22). Trata-se da recensão a *Hope in a Democratic Age: Philosophy, Religion, and Political Theory*, de Alan Mittleman, OUP, 2009.

conquanto correndo o risco da nossa liberdade.[4] Uma esperança assim deverá começar pela aceitação desse mesmo risco, bem como da nossa comum imperfeição, da imperfeição humana, patente na vida pessoal, social e política. Dispensará também a crença no mito do progresso, e a correlativa e perigosa tentação moderna do utopismo. «O pensamento utópico pressupõe que o alvo da esperança última pode ser alcançado neste mundo, principalmente através da acção salvadora do Estado.» Ora os principais e mais profundos anseios humanos (mormente, o do amor e o dos anseios transcendentes que são objecto da relação com Deus) não são aspirações a que o Estado possa (ou deva) dar resposta, «embora isso não o impeça de tentar, com resultados desastrosos»[5]; nem, depois — quando se revela incapaz de satisfazer tais esperanças — que o Estado possa (ou deva) banalizar e marginalizar.

Uma esperança humilde rejeitará, portanto, a confiança desmesurada, messiânica e infantil na política. Além do mais, a geração de expectativas irrealistas (implicando frequentemente exigências contraditórias), torna menos precisa e operacional a responsabilidade política, o juízo do povo sobre a política e sobre os governantes fica mais confuso e difícil e «as pessoas são vistas mais como consumidoras das políticas do que como seus juízes»[6] e, por fim, quando insatisfeitas — o que é impossível não acontecer — tornam-se cínicas face à democracia. É curioso que o povo democrático despreze tanto os políticos, por um lado, mas, por outro, continue a exigir mais deles. Ao esperar — e depender — ainda mais deles (mais do que seria razoável

[4] Neste sentido, «despair is the unforgivable sin, for the despairing conclude that God will not or cannot act, that the universe is fundamentally unfriendly and inhospitable to the true, good, and beautiful, and that humanity has lost the *imago Dei*. To judge in this way is to deny the goodness of the world and its Creator and sustainer, and that is the sin of all sins», cf. R.J. Snell, «Quiet Hope: A New Year's Resolution», *The Public Discourse*, 31 de Dezembro de 2019. Disponível em https://www.thepublicdiscourse.com/2019/12/59322/ (2022/10/29).

[5] Cf. Stefan McDaniel, «Hope in a Democratic Age», *op. cit.*

[6] Cf. David Epstein, «*The Federalist*'s Unmixed Republican Government», in Mark Blitz, and William Kristol (eds.), *Educating the Prince: Essays in Honor of Harvey Mansfield*, Maryland: Rowman & Littlefield Publishers, 2000, p. 215.

esperar e depender), força-os a prometer mais *direitos*, criando ainda mais frustração e mais desdém.[7]

Todavia, uma esperança sóbria e realista também excluirá o desespero da política democrática — o desprezo mesquinho e cínico pela política — enquanto capaz de promover, com alguma sorte, oportunidades sociais, económicas e espirituais para todos os cidadãos. Não tem que ser a esperança da grande «mudança», no sentido de rejeição genérica do passado, que nos legou muito de bom (embora não tudo, obviamente); mas sobretudo «uma afirmação de permanência, da possibilidade persistente de uma vida significativa num universo hospitaleiro e significativo»[8]. Mas a democracia é laboriosa e árdua, e exclui a autoindulgência. A esperança envolve a inclinação do apetite racional humano para um bem visto como exequível, mas ao mesmo tempo difícil de alcançar, não prescindindo de energia, disciplina, iniciativa e perigo. Não está «dada» ou garantida. Não depende inteiramente de condições externas; antes, começa por nós. «The fault, dear Brutus, is not in our stars, But in ourselves...»[9]

Mas, e se as coisas correrem mal, apesar de tudo?

Podemos sempre pensar, com um certo romantismo, que «só as causas perdidas valem a pena...» Isto soa bem, mas não chega, nem é bem assim. As causas valem a pena porque são justas e nobres, em si mesmas, mesmo que venham a ser perdidas. Timothy Garton Ash diz que gostaria de «ir ao fundo com o bom navio da Liberdade [se isso viesse a acontecer], empenhado em accionar as bombas na sala de máquinas, para tentar mantê-lo a flutuar»[10]. No mesmo tom de nobreza, conta-se que o corajoso violinista Wallace H. Hartley — o famoso chefe da banda do *Titanic* — dirigiu e tocou o hino «Nearer, My God, to Thee» enquanto o navio se afundava e o pânico grassava, cumprindo o seu dever até ao fim sem estridências nem bravatas, sem se levar demasiado a sério (e, aparentemente, levando muito a sério a letra da música que

---

[7] Ver Pedro Rosa Ferro, *Virtude política: Uma Análise das Qualidades e Talentos dos Governantes*, Coimbra: Almedina, 2017, pp. 312–313.

[8] Cf. Stefan McDaniel, «Hope in a Democratic Age», *op. cit.*

[9] Cf. Shakespeare, *Julius Cesar*, I.ii.

[10] Cf. Timothy Garton Ash, «The future of liberalism», *Prospect Magazine*, Janeiro/Fevereiro de 2021. Disponível em: https://www.prospectmagazine.co.uk/magazine/the-future-of-liberalism-brexit-trump-philosophy (2022/04/15)

executava...). Depois disso, ter-se-á despedido dos seus colegas — já no meio do turbilhão — muito inglesmente, dizendo: «gentlemen, it's been a privilege playing with you tonight».

Não há dúvida de que «precisamos das esperanças — menores ou maiores — que, dia após dia, nos mantêm a caminho. Mas, sem a grande esperança que deve superar tudo o resto, aquelas não bastam. Esta grande esperança só pode ser Deus, que abraça o universo e nos pode propor e dar aquilo que, sozinhos, não podemos conseguir. Precisamente o ser gratificado com um dom faz parte da esperança. Deus é o fundamento da esperança — não um deus qualquer, mas aquele Deus que possui um rosto humano e que nos amou até ao fim: cada indivíduo e a humanidade no seu todo.»[11]

---

[11] Cf. Bento XVI, *Spe salvi*, 31.